党的创新理论体系化学理化研究文库

◆ 中国式现代化的上海样本研究 ◆

城市高品质生活

价值意蕴与全新图景

杜玉华 文军 等著

上海人民出版社

编审委员会

序

理论的生命力在于创新。我们党的历史，就是一部不断推进马克思主义中国化时代化的历史，也是一部不断推进理论创新、进行理论创造的历史。新时代以来，党的理论创新取得重大成果，集中体现为习近平新时代中国特色社会主义思想。这一重要思想是当代中国马克思主义、二十一世纪马克思主义，是中华文化和中国精神的时代精华，实现了马克思主义中国化时代化新的飞跃。在这一科学理论的指引下，党和国家事业取得历史性成就、发生历史性变革，中华民族伟大复兴进入了不可逆转的历史进程。

习近平总书记深刻指出，"推进理论的体系化、学理化，是理论创新的内在要求和重要途径"。新征程上继续推进党的理论创新，要在体系化学理化上下功夫，从学术基础、实践导向、国际视野、历史维度等方面着力，深化对习近平新时代中国特色社会主义思想的研究阐释，这不仅是继续推进马克思主义中国化时代化的一项基础性、战略性工作，更是持续推动党的创新理论武装走深走实的必然要求。

上海是中国共产党的诞生地、改革开放的前沿阵地，也是马克思主义中国化时代化的实践高地，在党和国家工作全局中具有十分重要的地位。党的十八大以来，上海发展取得巨大成就，从"五个中心"建设、浦东打造社会主义现代化建设引领区、长三角一体化发展等重大国家战略深入推进，到新时代人民城市建设呈现日益蓬勃发展新局面，无不彰显着习近平新时代中国特色社会主义思想的真理力量和实践伟力。

上海市委高度重视党的创新理论武装，高度重视党的创新理论体系化学理化研究阐释，将思想铸魂、理论奠基作为上海建设习近平文化思想最佳实践地的引领性工程。上海理论社科界始终以高度政治自觉和学术担当，以回答中国之问、世界之问、人民之问、时代之问为己任，以"两个结合"为根本途径，高质量开展研究阐释，彰显了与伟大时代和伟大城市同频共振、同向同行的责任担当，形成了丰富研究成果。

为引领推动全市理论社科界深入开展党的创新理论研究阐释，持续推出原创性、有见地、高质量研究成果，上海市委宣传部组织开展了"党的创新理论体系化学理化研究文库"建设。具体编纂中，文库聚焦习近平新时代中国特色社会主义思想的"原理体系"和"上海实践"两大核心内容，既强化整体性系统性研究，又注重从不同领域深入阐释；既提炼、解读标识性概念，又加强重大现实问题研究；既运用各学科资源呈现理论学理深度，又立足上海实际反映实践厚度，从而形成体现历史逻辑、理论逻辑、实践逻辑相统一的研究成果。

实践发展未有穷期，党的理论创新永无止境。在以中国式现代化推进中华民族伟大复兴的新征程上，在上海加快建设具有世界影响力的社会主义现代化国际大都市的砥砺奋进中，实践发展为理论创新打开了广阔的空间，也对党的创新理论体系化学理化研究阐释提出了新的更高要求。衷心希望上海理论社科界始终坚持与时俱进的理论品格，秉持"思想精耕"的卓越匠心，深潜细研、守正创新，不懈探索实践，以更加丰硕的成果回应时代、回馈人民，为推进马克思主义中国化时代化作出新的更大贡献！

中共上海市委常委、宣传部部长　赵嘉鸣

2025 年 5 月

目录

第一章

绪　论

新时代以来，我国社会主要矛盾已经转化为人民日益增长的美好生活需要和不平衡不充分的发展之间的矛盾。2018年3月，习近平总书记在全国"两会"期间首次提出"高品质生活"的概念，强调"努力推动高质量发展、创造高品质生活"。2022年10月，在党的二十大报告中，习近平总书记再次指出，"必须坚持在发展中保障和改善民生，鼓励共同奋斗创造美好生活，不断实现人民对美好生活的向往"[1]。此后，不断满足人民群众对于"高品质生活"的向往和期待，不仅成为新时代党和国家的重要使命，也为我国社会发展指明了奋斗目标和前进方向。作为我国的经济文化中心，上海以习近平新时代中国特色社会主义思想为指导，全面贯彻落实新发展理念，在创造高品质生活方面探索出了一条具有上海特点的发展之路，取得了一系列的显著成效。

一、创造高品质生活的提出背景

"高品质生活"概念的提出立足于我国社会发展所处的新阶段和新背景。从政策背景来看，高品质生活与新发展理念的政策倡导高度

---

[1] 习近平：《高举中国特色社会主义伟大旗帜　为全面建设社会主义现代化国家而团结奋斗——在中国共产党第二十次全国代表大会上的报告》，人民出版社2022年版，第46页。

契合；从实践背景来看，高品质生活顺应了人民生活方式的转型及其对美好生活的向往；从理论背景来看，高品质生活是中国共产党贯彻"人民至上"新发展理念的必然要求。

（一）理论背景：贯彻以"人民至上"的新发展理念

作为马克思主义政党，带领人民创造高品质生活是中国共产党始终不渝的奋斗目标。在《共产党宣言》中，马克思和恩格斯旗帜鲜明地指出："过去的一切运动都是少数人的，或者为少数人谋利益的运动。无产阶级的运动是绝大多数人的，为绝大多数人谋利益的独立的运动。"[1] 始终同人民在一起，为人民利益而奋斗，是马克思主义政党同其他政党的根本区别。为中国人民谋幸福，为中华民族谋复兴，是中国共产党人的初心和使命。作为新时代新征程上推动全面深化改革向广度和深度进军的总动员、总部署，党的二十届三中全会进一步明确了全面深化改革的重大原则，其中一条便是"坚持以人民为中心"。2020 年 11 月 12 日，习近平总书记在浦东开发开放 30 周年庆祝大会上也着重指出："改革发展必须坚持以人民为中心，把人民对美好生活的向往当作我们的奋斗目标，依靠人民创造历史伟业。"[2]

在创造高品质生活的过程中必须牢牢把握坚持以人民为中心这一重大原则，从"以人为本""面向人民"的视域出发[3]，做到发展为了人民，发展依靠人民，发展成果由人民共享。一是要坚持创造高品质生活在于增进人民福祉。党的十八大以来，以习近平同志为核心的党中央深入贯彻以人民为中心的发展思想，抓住人民最关心最直接最现

---

[1] ［德］马克思、恩格斯：《共产党宣言》，人民出版社 2018 年版，第 39 页。

[2] 习近平：《在浦东开发开放 30 周年庆祝大会上的讲话》，人民出版社 2020 年版。

[3] 文军：《重回"人"的新时代：构建有生命力的社会学》，《社会科学》2024 年第 10 期。

实的问题推进改革，在幼有所育、学有所教、劳有所得、病有所医、老有所养、住有所居、弱有所扶上持续用力，切实增进人民福祉。而改善人类的生存状态，提高人类的生活质量和幸福程度，也是当代全球普遍的价值追求和发展定位。如果说"中国梦"和世界各国人民的梦是相通的话，那么共同点就体现在创造高品质生活，实现人们过美好生活的愿望之上。[1] 二是要坚持创造高品质生活在于依靠人民力量。与唯心主义英雄史观完全不同的是，马克思主义提出人民是历史的创造者，主张"历史活动是群众的活动"[2]。换言之，人民群众是历史的创造者和创造高品质生活的实践主体，是决定党和国家前途命运的根本力量。习近平总书记指出："中国式现代化是亿万人民自己的事业，人民是中国式现代化的主体，必须紧紧依靠人民，尊重人民创造精神，汇集全体人民的智慧和力量，才能推动中国式现代化不断向前发展。"[3] 而高品质生活的创造之所以得到广大人民群众衷心拥护和积极参与，最根本的原因就在于我们党一开始就将高品质生活的创造事业深深扎根于人民群众之中。三是要坚持创造高品质生活的成效由人民共享。习近平总书记强调："要坚持以人民为中心，把为人民谋幸福作为检验改革成效的标准，让改革开放成果惠及更广大人民群众。"[4] 中国式现代化以全体人民共同富裕作为本质要求，使全体人民都能从现代化发展中受益。通过高质量发展把"蛋糕"做得更大更好，通过

---

[1] 王雅林：《生活范畴及其社会建构意义》，《哈尔滨工业大学学报（社会科学版）》2015年第3期。

[2] 《马克思恩格斯文集》第1卷，人民出版社2009年版，第287页。

[3] 习近平：《以中国式现代化全面推进强国建设、民族复兴伟业》，《求是》2025年第1期。

[4] 习近平：《中国式现代化是中国共产党领导的社会主义现代化》，《求是》2023年第11期。

建立健全收入分配机制确保"蛋糕"切好分好，共同创造高品质生活。我们党推进全面深化改革的根本目的，就是要促进社会公平正义，让改革发展成果更多更公平惠及全体人民，满足人民对于美好生活的向往。创造高品质生活、增进人民福祉、促进人的全面发展是经济发展的出发点和落脚点，也是进一步全面深化改革的出发点和落脚点。[1]

（二）实践背景：生活方式的转型与美好生活的需要

高品质生活的提出既顺应了人民生活方式的转型，也是新时代人民对美好生活的重要向往，是"产生在一定的社会形式、一定的生产和交换的条件下的愿望"[2]。一方面，改革开放以来中国取得的巨大成就为创造高品质生活提供了现实可行性，也推动着人民生活方式的巨大转型。马克思把人的需要放在生产活动的历史进程中来考察，认为人的需要是具体的、历史的，人类生产活动和生活方式的发展阶段，也是人的需要的历史阶段。同时，"已经得到满足的第一个需要本身、满足需要的活动和已经获得的为满足需要用的工具又引起新的需要"[3]。因而，人类的生产活动，经历了从生产生存资料到生产享受资料，再到生产发展资料的过程。与其对应的人的需要的满足程度的发展阶段，也经历了从满足人的生存需要再到满足最高级的发展需要的过程。尤其是党的十八大以来，中国全面推进经济、政治、文化、社会、生态文明等各方面的建设，取得了举世瞩目的辉煌成就。整体而言，现阶段我国的经济基础已由短缺转变为比较富裕，人民的消费结构已从量的扩张过渡到质的提高阶段，正在实现

---

[1] 李冉：《进一步全面深化改革要坚持以人民为中心》，《红旗文稿》2024年第16期。

[2] 《马克思恩格斯全集》第3卷，人民出版社1960年版，第287页。

[3] 同上书，第32页。

"迈向全面小康水平",不断地满足了人的较高层次的享受需要和发展需要。[1]

另一方面,破除当前不平衡不充分的发展问题,满足人民群众对美好生活的需要成为创造高品质生活的重要抓手。马克思虽然没有专门提出"美好生活""高品质生活"等概念,但其众多的经典文献中均内含"什么是美好生活"以及"如何实现美好生活"等重大主题,并且贯穿于其思想始终。如在《资本论》中对"未来社会"的构想中他阐述道:"发展社会生产力,去创造生产的物质条件;而只有这样的条件才能为一个更高级的、以每一个个人的全面而自由的发展为基本原则的社会形式建立现实基础。"[2]当前,我国稳定地解决了十几亿人的温饱问题,已经全面建成了小康社会。与此同时,人民的美好生活需要日益广泛,不仅对物质文化生活提出了更高要求,而且在民主、法治、公平、安全、环境等方面的要求日益增长。某种程度而言,高品质生活是人民美好生活在新发展阶段的必然要求。人的本性决定了人的需要是无限的、不断被超越的。[3]特别是随着社会生产力的不断发展和社会物质产品的日益丰富,享受需要和发展需要逐步成为人们生活的主要需要,甚至是第一需要。从解决温饱问题到总体上达到小康水平,再到全面建设小康社会和全面建成小康社会,人民群众对美好生活的需要在量变的基础上也发生了质的变化,这不仅表现在对物质文化生活的需要提出了更高要求,而且还表现为需要对象不断拓展,即从对外在的物质生活条件改善向内在的精神文化和自我价值实

---

[1]魏志奇:《社会主要矛盾变化新要求下共享发展研究》,人民出版社 2021 年版,第174—180 页。

[2]《马克思恩格斯文集》第 5 卷,人民出版社 2009 年版,第 683 页。

[3]《马克思恩格斯全集》第 47 卷,人民出版社 1979 年版,第 260 页。

现的需要跃升。[1]正如习近平总书记在题为《建设世界科技强国》的讲话中所指出的那样："随着经济社会不断发展，……人民对过上美好生活的新期待日益上升……要想人民之所想、急人民之所急，聚焦重大疾病防控、食品药品安全、人口老龄化等重大民生问题，大幅增加高科技供给，让人民享有更宜居的生活环境、更好的医疗卫生服务、更放心的食品药品。"[2]就此而言，创造高品质生活是新发展阶段人民美好生活提质升级的必然要求。

（三）政策背景：新发展理念与高品质生活政策倡导

理念是行动的先导，而发展是党执政兴国的第一要务，贯彻落实新发展理念已经成为新时代我国发展壮大的必由之路。习近平总书记指出："党的十八大以来我们对经济社会发展提出了许多重大理论和理念，其中新发展理念是最重要、最主要的。新发展理念是一个系统的理论体系，回答了关于发展的目的、动力、方式、路径等一系列理论和实践问题，阐明了我们党关于发展的政治立场、价值导向、发展模式、发展道路等重大政治问题。全党必须完整、准确、全面贯彻新发展理念。"[3]在新发展理念的指引下，我国经济社会发展取得历史性成就、发生历史性变革。实践充分证明，新发展理念具有很强的战略性、纲领性、引领性，是指挥棒、红绿灯，是我国发展思路、发展方向、发展着力点的集中体现，是管全局、管根本、管长远的导向。

如果说新发展理念是我国实现高质量发展的先导，那么高品质生

---

[1] 杜玉华：《创造高品质生活的理论意涵、现实依据及行动路径》，《马克思主义理论学科研究》2021年第6期。

[2] 《习近平谈治国理政》第二卷，外文出版社2017年版，第272—273页。

[3] 《关系我国发展全局的一场深刻变革——习近平总书记关于完整准确全面贯彻新发展理念重要论述综述》，《人民日报》2021年12月8日。

活则是高质量发展的根本目标。所谓的"高品质生活"指人民群众在经济、政治、文化、社会、生态环境等方面的需要，均得到高水平保障和满足的一种生活状态。高品质生活不仅着眼于人民群众对更高水平、更丰富的物质文化生活和服务的需要，而且致力于满足人民群众对公平正义、社会尊重、自身价值、全面发展等高层次需要。自2018年3月习近平总书记在全国"两会"期间首次提出"高品质生活"的概念后，2020年10月党的十九届五中全会明确提出要破除制约高品质生活的体制机制障碍，持续增强发展动力和活力，强调改善人民生活品质，这是在党的全会文件中第一次表述"高品质生活"。可以说，从物质文化生活迈向高品质生活，是人民美好生活需要从量到质的跨越。[1] 此后，从中央到地方对于高品质生活的关注也与日俱增。2021年国务院办公厅印发的《"十四五"城乡社区服务体系建设规划》以及2022年颁布的《国务院关于加快推进政务服务标准化规范化便利化的指导意见》均明确将"创造高品质生活"列为社会发展的关键目标。

作为我国的经济文化中心之一，上海以习近平新时代中国特色社会主义思想为指导，全面贯彻落实习近平总书记对于上海的殷切期待，高度重视创造高品质生活，争当全国高品质生活排头兵和先行者。长期以来，习近平总书记一直关注、牵挂着上海的发展。他曾深情地说："我曾经在上海工作过，切身感受到开放之于上海、上海开放之于中国的重要性。"[2] 2019年11月，习近平总书记在上海考察时，提出"人民城市人民建，人民城市为人民"的重要理念。2024年11

---

[1] 杜玉华：《推动创造高品质生活》，《红旗文稿》2021年第18期。

[2] 《习近平总书记考察上海重要讲话引发上海广大干部群众热烈反响 催人奋进 展现中国式现代化建设新气象》，《解放日报》2023年12月4日。

月，习近平总书记给上海市杨浦区"老杨树宣讲汇"全体同志回信，表示"希望你们继续讲好身边的生动故事，带动更多市民深入践行人民城市理念，积极参与城市建设和治理，共建和谐美丽城市，共创幸福美好生活"[1]。为深入贯彻落实习近平总书记对于上海发展的殷切期待，一方面，上海市委、市政府立足于人民群众对于美好生活的需要，为创造高品质生活出台了一系列的政策文件。例如，2021 年颁布的《上海市基本公共服务"十四五"规划》就明确指出，要"立足新发展阶段、贯彻新发展理念、服务构建新发展格局，深入践行'人民城市人民建，人民城市为人民'的重要理念，把人民对美好生活的向往作为出发点和落脚点，以推动高质量发展、创造高品质生活、实现高效能治理为目标导向"。另一方面，上海为创造高品质生活作出了一系列卓有成效的努力，且业已取得突出成就。2021 年，《后小康时代上海创造高品质生活评价指标及其评估报告》显示：当前上海居民生活品质总体上处于国内领先水平，部分领域已达到或接近发达国家水平。同时，上海高品质的美好图景日益清晰，总体建设正处于从国内一流对标世界最高标准最高水平前进阶段，人民的幸福感获得感在共建共治共享中持续提升。[2]

二、"高品质生活"的理论分析

要想理解把握高品质生活这一概念，不仅需要厘清当前我国经济社会发展的时代背景，还要深刻把握这一概念背后的理论基础。因

---

［1］ 刘洋、黄栋梁：《深入践行人民城市理念》，《红旗文稿》2025 年第 1 期。

［2］《报告：上海居民生活品质部分领域已达到或接近发达国家水平》，载澎湃新闻，2021 年 6 月 18 日。

此，需要我们检视"生活"这些基础性概念，把握与高品质生活紧密相关的"生活质量理论"及其主要特征，归纳高品质生活的内涵及其评价维度，并结合上海创造高品质生活的实践过程，以此勾勒出高品质生活上海实践的基本图景。

（一）"生活"概念的内涵及其主要观点

随着我国社会主要矛盾的变化，实现以满足人民日益增长的美好生活需要为奋斗目标的社会发展，需要高度的历史自觉和理论创新的支持，特别是要给予"生活"以应有的理论地位。事实上，在崇尚"理性"和"本质"的西方社会学概念体系中，"生活"并不具有科学概念的地位。由此，当代社会发展对"生活"理论的需要同"生活"概念的不成熟性之间就形成了巨大的落差。因此，"生活是什么"的问题成为有待解决的重大课题。一方面，如果将生活的概念泛化为惯常的"日常生活"，就会在战略实施和政策指导上陷入盲目性，不能满足人民日益增长的更全面、更高的美好生活诉求。另一方面，要清晰地认识到西方视野下的"生活"概念在解释中国实践方面的局限性。就此而言，"生活"概念应该是一个凝聚中国智慧、中国经验的概念，唯有如此，才能建立一个更加完整、更富解释力的"生活"概念。[1]

"生活"在很大程度上是一个凝聚着中国经验和中国智慧的概念。要在纷繁复杂的现象世界中，去揭示"生活"到底是什么，首先要追问"生活"是从哪里来的，它的本源和载体是什么。马克思、恩格斯以生产活动界定人和动物的区别："一当人们自己开始生产他们所必需的生活资料的时候（这一步是由他们的肉体组织所决定的），他们

---

[1]　王雅林：《为创造人民美好生活的伟大实践提供理论滋养》，《哈尔滨工业大学学报（社会科学版）》2017年第6期。

就开始把自己和动物区别开来。"[1] 如果说动物的生命存在方式是适应性的"生存"，那么作为能够使用劳动工具、创造出复杂的生命再造文化系统的人则超越了"动物式生存"而开始了"文化式生存"，这种文化式生存就是生活。因此，生活源于生命，人就是"生活性动物"，人所从事的所有生活活动都是特有的生命形态以多种方式地展现。其次，从词源学上看，"生活"由动词演化而来，这揭示了生活现象根本的动态"变易"特质，即生活就是以"活动"或"行动"的形态展现的生命形式。在这个意义上，"活动"和"实践"是同义词，生活活动即实践活动，正是人的每日每时的实践活动将自己同动物式生存区别开来。再次，如亚里士多德所言："我们都是社会性动物，像蜜蜂一样喜欢群居"，社会性是人最本质的规定性。人可以通过活动（或行动）实现自身的生产，但并不是仅靠个人自身就可以自足，无论是物质生活需要还是精神生活需要，都是在与他人的关系中得到满足的。就此而言，生活是表征"一个个的个人"的复数概念。因此，"社会性"对理解生活概念十分重要，因为"人只有在社会当中才能够成为比动物更高级的某个东西"，才有了区别动物式生存的生活。[2] 可见，要想捕捉到生活的内在规定性，就必须把握这三个相互关联的关键词：生命、活动（行动）、社会性。其中，生命是生活的载体和前提；活动（行动）是人特有的生命形态的存在形式；社会性表述的则是人们生活的关系性存在和场域。就此而言，生活不外是动态地体现由个体所承载的人的特有生命形态的存在、展开和实现形式，它构成人世间一切社会事物的本源和本体。[3]

---

[1]《马克思恩格斯全集》第 3 卷，人民出版社 1960 年版，第 24 页。

[2] T. Airaksinen, "Good Life without Happiness", *Humanities*, Vol. 11, No. 6, 2022.

[3] 王雅林：《回家的路：重回生活的社会》，社会科学文献出版社 2017 年版，第 131—152 页。

与此同时，我们还需要厘清与"生活"紧密相关的另一个概念"日常生活"。虽然人们对于日常生活概念有不同的表述，但大体都将其视为给人的生命提供基础性"人类条件"的那些活动[1]，同时又构成从事其他社会活动的前提。不可否认，日常生活在人类社会和个体生存中具有基础性，这也是当前的社会政策把民生问题摆在重要位置的原因。但与此同时，必须看到，日常生活是具有局限性的，它停留在较低层次的实践水平。从当前我国的现实社会发展来说，在满足人们"自在性"日常生活需要的同时，也要把满足人民日益增长的"自为性"的生活提到新的高度，如此才能更好地回应人民群众对于高品质生活的向往和期待。除了需要处理日常生活与非日常生活之间的关系，我们还需要处理好以下五种基本结构关系：生活的物质形态与精神形态的统一、生活需要的生产性活动与满足性活动的统一、私人生活与公共生活的统一、实然生活与应然生活的统一、现实生活与虚拟生活的统一。[2]

那么，什么是"好生活"呢？在苏格拉底看来，好生活这一概念大致与幸福同义。[3]同时，他对好生活的理解有三点值得注意：（1）好生活具有本体论的基础，但它却是人所特有的。宇宙万物都有目的，而且目的都是善，但各自的目的不尽相同。作为人的目标的善的内涵是高尚、正当的，这是人的目的与万物的目的的不同之处。（2）好生活是一种动态的目的，它需要人去追求，而追求好生活的过程就是不断追求善的目的的实现的过程。（3）好生活不只是每个人的个

---

[1]　[匈]阿格尼丝·赫勒：《日常生活》，衣俊卿译，重庆出版集团2010年版，第114页。

[2]　王雅林：《回家的路：重回生活的社会》，社会科学文献出版社2017年版，第131—152页。

[3]　江畅：《西方德性思想史：古代卷》，人民出版社2018年版，第128页。

人生活，而且也是与基本共同体密切相关的社会生活。[1]在此基础上，后续的学者发展出两种被广泛接受的观点：一种是把好生活理解为"值得赞赏的生活"（the admirable life），意指道德的或德行高尚的生活；二是把好生活理解为"值得欲望的生活"（the desirable life），即繁荣的或发达的生活。整体而言，传统社会推崇的是前者，而现代社会则更为重视后者。当前社会所倡导的"美好生活"就是好生活的日常表达，并做到以人为本，特别是关注人类的需要。[2]

（二）"生活质量理论"的提出及主要特征

创造高品质生活、满足人们的美好生活需要、促进人的全面发展是我国长期奋斗的目标，而长期以来"生活质量"是衡量人们的生活品质的一个重要概念。因而，用科学、系统的理论和方法准确定义和评估生活质量具有重要的价值。正如斯蒂格利茨（Stiglitz）等人所指出的那样，我们衡量什么会影响我们做什么，错误的衡量将导致错误的决策，最终我们所奋力争取的东西也将是错误的。[3]

生活质量研究的兴起源于人们对于社会问题的关心，其主要是对于生活各方面的评价和总结，而且这种评价和总结一般是从人们对生活各个层面的认知和感受出发的。它起源于20世纪60年代，与关于社会指标的研究一道共同成为社会学研究领域的两股引人注目的潮流。它们所关心的是同样的问题：在科技进步和经济增长的历史条件下，如何科学准确地把握人类生活的社会环境。[4]多数学者认为，

[1] 江畅：《好生活的含义与意义》，《道德与文明》2022年第1期。

[2] 吴越菲、文军：《回到"好社会"：重建"需要为本"的规范社会学传统》，《学术月刊》2022年第2期。

[3] Joseph E. Stiglitz, Amartya Sen, Jean-Paul Fitoussi, *Mismeasuring Our Lives: Why GDP Doesn't Add Up*, New York: The New Press, 2010, pp. xvii, 2.

[4] 林南、卢汉龙：《社会指标与生活质量的结构模型探讨——关于上海城市居民生活的一项研究》，《中国社会科学》1989年第4期。

1958 年美国经济学家加尔布雷斯（Galbraith）在《富裕社会》一书中首次提及"生活质量"（quality of life）这一学术用语，并指出"同生产量相比，探询生活质量已不再罕见"，生活质量不仅包含经济生产，更涉及社会公平、环境质量、精神富足等多个方面。[1] 此后，人们对生活质量的内涵和外延进行了拓展，并逐渐将其指标化。1966 年，鲍尔（Bauer）在其论文集《社会指标》中首次提出"社会指标"的概念，并将生活质量作为社会发展的指标内容进行深入研究。[2] 然而，对于生活质量的评估标准，不同的机构和学者远未就其测量框架和维度达成一致，更不用说具体的指标体系。正如弗洛尔拜（Fleurbaey）指出的那样，当前关于生活质量的评估指标层出不穷，但他们的建构却几乎没有理论基础。[3]

虽然人们对于生活质量的评估指标体系存在分歧，但在过去的几十年间出现了两种衡量生活质量的新方式——"客观生活质量"和"主观生活质量"[4]。其中，"客观生活质量"指通过客观标准的社会和经济指标来衡量生活质量，而不依赖于个人经历和个人对环境的感知。客观生活质量的优点包括：第一，它通常可以相对容易地定义和量化，而不严重依赖个人的看法。因此，对不同国家、地区、阶层和时间的客观指标进行比较，在技术上非常方便。第二，它往往反映了一个社会的规范性理想。例如，人们可能会很重视空气质量，而不管

［1］ J. K. Galbraith, *The Affluent Society*, New York: Mariner Books, 1998, p. 131.

［2］ 郑杭生、李强、李路路：《我国社会指标研究的几点探索》，《中国人民大学学报》1987 年第 2 期。

［3］ M. Fleurbaey, "Beyond GDP: The Quest for a Measure of Social Welfare", *Journal of Economic Literature*, Vol. 47, No. 4, 2009, pp. 1029—1075.

［4］ V. Pukeliene, V. Starkauskiene, "Quality of Life: Factors Determining its Measurement Complexity", *Inzinerine Ekonomika-Engineering Economics*, Vol. 22, No. 2, 2011.

它是否会影响幸福感。第三，它能够捕捉到纯粹的经济衡量标准未能反映的社会重要方面。例如，通过评估人权、森林砍伐和污染等全球性问题，客观指标可以启动全球问题的合作解决方案。与此同时，客观生活质量也有几点明显的不足。第一，尽管客观生活质量被认为是"客观"的，但它们往往受到测量问题的影响。例如，在大多数婴儿在家中出生的国家，婴儿死亡率的测量也更为困难。第二，在选择和衡量客观指标时不可避免要考虑主观决定。如国内生产总值指数（GDP）不会将家务劳动算作经济服务部门的一部分，其他指标也必然依赖于在包括或排除事物时的主观决定。归根到底，必须有人来决定哪些指标被算在指标体系之内，表面的"客观"数字背后其实也难以避免主观判断。

"主观生活质量"则是对幸福的感知和基于经验对自身生活状况的评价。它关注的重点是个人体验到的生活质量，通常使用问卷调查和量表等定性研究方法来测量。主观生活质量的主要优势在于：第一，它捕捉到了对个人而言重要的经历。由于大多数客观社会指标都是间接衡量人们对其生活状况的感受，因此，主观生活质量提供了一个重要的额外评估，可用于评估客观指标所总结出来的证据。如果主客观指标趋于一致，那么人们就可以对生活质量作出更明确的结论。反之，如果两者不一致，则需要对指标的定义进行更深入的分析。第二，当被证明不够充分时，主观指标往往比客观指标更容易修改，因为客观指标通常是由大多数研究人员无法触及的来源（如政府）编制的。第三，通常在一个共同的维度（如满意度）测量主观指标，与通常涉及不同测量单位（如污染程度、卡路里和收入）的客观测量方法相比，前者更容易进行跨领域比较。当然，主观生活质量也有一些弱点。第一，产生特定结果的人为因素尚未完全消除。尽管自我报告的生活满意度测量具有足够的有效性和可靠性，但认为每个人的回答都是完全有效和准确的想法过于天真。第二，主观生活质量的衡量标准可能无法完全准确反映当地社区生活的客观质量，同时，由于人们会自然而然地适应环境，社会期望可能也会影响到个人的主观幸福感。例如，如果专家提醒公民注意过去国家经济的改善，而不是当前经济面临的问题，那么人们对经济状况不佳的负面看法可能会减少。第三，主观生活质量是一种价值观，其重要性因个人和国家而异。[1]

此后，越来越多的学者意识到，只有将客观生活质量和主观生活质量结合起来，才能更加全面系统地衡量人们的生活质量。为使生活质量评估建立在更为坚实的理论基础上，法国政府 2008 年委托全球 20 多位学者撰写一篇重要报告，即 Stiglitz-Sen-Fitoussi（以下称 SSF）报告。该报告综合了经济学、哲学和心理学视角对生活质量的本质及其主要维度，并将生活质量分解为客观福利（objective wellbeing）和主观福利（subjective wellbeing）两个方面，前者又包括客观条件和客观机会两个部分，并对应着 8 个主要维度（物质生活水平、健康、教育、政治发言权与治理、个人活动、社会联系、环境、安全）；后者则包含 3 个主要维度（生活满意度、积极情感、消极情感）。[2] 在此基础上，各个国家组织和国家开始进一步开发具有针对性的生活质量指标体系。当前国际上具有代表性的衡量生活质量的指标体系主要包括经济合作与发展组织（OECD）开发的"美好生活指数"（Better Life Index）以及亚洲开发银行（ADB）构建的"生活质量指标体系"。两

[1] E. Diener, E. Suh, "Measuring Quality of Life: Economic, Social, and Subjective Indicators", *Social Indicators Research*, Vol. 40, 1997.

[2] Joseph E. Stiglitz, Amartya Sen, Jean-Paul Fitoussi, *Mismeasuring Our Lives: Why GDP Doesn't Add Up*, New York: The New Press, 2010.

者均于 2011 年提出，前者主要用于评估 OECD 成员国的生活质量，包括 11 个维度（住房、收入、工作、社区、教育、环境、公民参与、健康、生活满意度、安全、工作生活平衡）共 24 项指标；后者则主要用于评估亚洲各国的生活质量，包括 8 个维度（物质福利、工作机会和条件、健康、教育、社会包容和公平、经济和人身安全、环境和生活条件、治理）共 20 项指标。[1] 不难发现，尽管两者在部分维度上存在重合，如健康、教育、安全、环境等，但也存在明显的差异。具体而言，OECD"美好生活指数"考虑了住房、公民参与、社区支持、工作生活平衡等维度，而 ADB 的"生活质量指标体系"则关注了社会包容性、公平性和治理等。差异出现的主要原因可能在于，两组指标体系的构建更大程度上是基于数据的可获得性，并在此基础上选取合适的指标。[2] 就此而言，SSF 报告虽然并未构建评估生活质量的具体指标体系，但其基于多学科的理论探讨和回顾，从客观福利和主观福利两大维度着手，对于我们构建具有中国本土意涵的生活质量指标体系具有重要的参考和借鉴价值。

除了客观和主观的二分之外，越来越多的学者意识到必须将个人生活质量和社会生活质量区分开。虽然这两个层面关系密切，但社会生活质量并不等同于个人生活质量的总和（见表 1-1）。在个人生活质量层面，可以从机会／结构及外部／内部两个维度对其进行划分。通常，人们将第一种外部生活质量——环境的宜居性（livability of environment）——视为"假定的生活质量"。尽管环境的宜居性只是提高个人生活质量的前提条件，但正是这种生活质量成为许多生活质量研究

---

[1] Yoko Niimi, Juzhong Zhuang, "Measuring Quality of Life in Asia", *Background Paper for the ADB and ADBI Study*, 2011, see http://www.oecdbetterlifeindex.org.

[2] 祝永庆、刘民权：《生活质量评估主客观福利的机理分析》，《人文杂志》2021 年第 2 期。

者及生活质量指数的研究对象，而经济学家通常将其称之为生活水平或福祉。不过，只将外部生活条件视为生活质量，而不考虑生活质量的其他层面，势必会降低生活质量研究成果的有效性和可靠性。第二种生活质量——个人的生活能力（life ability of a person）——则包括个人利用外部环境、实现更高个人发展福祉的内部能力。这种生活质量包括人的健康、教育和智力等方面，这些特征也受到联合国发展计划的高度重视，并由此制定了人类发展指数和人类贫困指数。第三种生活质量——生活的效用（utility of life）——则通常是哲学家研究个人行为、道德和规范问题以及个人对社会的道德和物质贡献的典型领域。同时，不同学科以不同的方式看待个人对社会的贡献。例如，哲学家试图证明诚实而有意义的生活的重要性，而经济学家则强调稳定的收入对个人和社会生活质量的重要性。第四种生活质量——对生活的满意度——与个人经历和对环境的感知密不可分，可以通过民意调查来衡量。它代表了表面的生活质量，是个人利用环境提供的机会的能力的产物，应该成为生活质量研究的重点。

表 1-1 个人生活质量的四种类型

	外 部	内 部
机会	环境的宜居性 I	个人的生活能力 II
结果	生命的效用 III	对生活的满意度 IV

在马克思看来，只有在真实共同体中，个人才能获得全面发展其才能的手段。换言之，只有在真实共同体中才可能有个人自由。[1] 就此而言，人民群众对于美好生活的想象、对于高品质生活的憧憬能否最终实现在很大程度上取决于社会生活质量水平的高低。从机会／成

[1]《马克思恩格斯文集》第1卷，人民出版社2009年版，第501页。

果以及外部/内部两个维度，可以将社会生活质量划分为以下四种类型（见表1-2）。第一种社会生活质量表示国家环境的有利程度，包括生态和政治两个方面。第二种是社会系统在特定环境中的自我维持能力。这两种生活质量代表假定的生活质量和生活机会。而第三种和第四种社会生活质量则表示生活质量的结果，指向的是社会的繁荣程度，而不是实现美好生活的手段。其中，第三种社会生活质量是通过其对人类文明的影响来判断的，这意味着如果社会实现了重大创新，其生活质量就会更高。此外，与个人不同，社会无法进行自我反思。不过，各国都有关于国家的集体信念，这些信念往往与对国家的认同和为国家而战的意愿有关。因此，公民士气越高，社会生活质量越好。[1] 就此而言，社会生活质量对于个人生活品质的提升至关重要。

表1-2　社会生活质量的四种类型

	外　部	内　部
机会	生态、政治条件性 I	运作 II
结果	对文明的贡献 III	延续士气 IV

同时，对生活质量水平和种类的研究表明，生活质量概念的本质可能并不是通过试图定义这一概念，而是通过对影响生活质量的因素进行更详细的分析才能更准确地揭示。在此基础上，研究人员试图揭示决定生活质量的因素以及这些因素之间的关系。首先，生活质量是由内部和外部环境共同决定。[2] 一个国家的发展水平、政治和社会经济环境使人们能够生活得很好，并追求生活质量。而一个人是

［1］ V. Pukeliene, V. Starkauskiene, "Quality of Life: Factors Determining its Measurement Complexity", *Inzinerine Ekonomika-Engineering Economics*, Vol. 22, No. 2, 2011.

［2］ R. A. Cummins, "The Domains of Life Satisfaction: An Attempt to Order Chaos", *Social Indicators Research*, Vol. 38, No. 1, 1996.

否能够利用外部环境，追求更高的物质、个人发展和社会福祉，则是由内部环境决定的。通常，外部环境包括无法通过公共政策措施加以调节的因素（如气候条件、地理因素、环境因素和社会因素、国家地位），以及受公共政策行动影响的因素（如政治稳定、腐败、经济增长、社会安全等）。内部因素则包括那些在很大程度上可以由作为权利和自由拥有者的个人控制的因素（如健康状况、教育成就、家庭、休闲等）。林斯特龙（Lindstrom）和埃里克森（Ericsson）建议，根据决定生活质量因素所代表的领域，可以将其划分为更为具体的类别：全球、外部、人际和个人。[1] 在既有理论模型的基础上，普凯利内（Pukeliene）等人提出了衡量生活质量的理论模型。生活质量模型区分了外部环境和内部环境，每种环境又包含四组因素。其中，生活质量的外部环境包括：自然环境（如气候条件、自然环境质量）、政治环境（如政治稳定、政治权利和公民自由）、社会环境（如医疗保健系统、受教育机会、社会保障）和经济环境（如宏观经济环境和经济增长）。生活质量的内部环境，同样包括四组因素：身体健康（如健康状况和人身安全）、个人发展福祉（如教育和信息技术的可用性）、社会福祉（如家庭、休闲和社区生活）和物质福祉（如收入、住房的可用性）。[2]

（三）"高品质生活"的内涵及其评价维度

"高品质生活"概念一经提出便引起了社会各界的广泛关注。不过，对于这一概念的内涵以及外延学界却并未达成一致。整体而言，当前学者主要从以下三个视角对高品质生活的内涵进行解读。第一种

---

[1] B. Lindstrom, B. Ericsson, "Quality of Life Among Children in the Nordic Countries", *Quality of Life Research*, No. 2, 1993.

[2] V. Pukeliene, V. Starkauskiene, "Quality of Life: Factors Determining its Measurement Complexity", *Inzinerine Ekonomika-Engineering Economics*, Vol. 22, No. 2, 2011.

观点认为，高品质生活是个体内心的一种主观感受和体验。例如，上海财经大学课题组将高品质生活定义为"一种在当下能感受到充实、有保障、可持续的获得感、幸福感、安全感的生活状态"[1]。第二种观点认为，高品质生活具有客观的衡量标准。例如，姚树洁指出，高品质生活就是人民群众在经济、政治、文化、社会和生态各方面的美好需要得到更好保障和满足的生活。[2]第三种观点认为，高品质生活乃是客观标准和主观感受相结合的产物，这一观点也逐渐成为大多数人的共识。例如，雷晓康和张琇岩主张，高品质生活乃是"公民所拥有的一种收入、就业、教育、医疗、养老、住房等客观条件得到更充分保障，幸福感、获得感、安全感等主观感受更为满意的动态化生活状态"[3]。基于 1975 年至 2022 年来自 20 个国家的 445 项研究，有学者发现居民幸福感与"客观评估的特征"及"对城市特征的主观感知"密切相关。一方面，当地绿色／自然环境、文化设施和休闲设施、医疗保健、公共设施、公共空间等客观特征与居民幸福感呈正相关。另一方面，便利设施、附近的公共设施、游乐场所与体育设施等对城市特征的主观感知与居民幸福感呈正相关，而主观认为的空气污染与幸福感呈负相关。[4]

关于高品质生活的外延，目前学界大体包含两个维度上的认识。一是从马斯洛需求层次理论出发，将人的需求层次分为生存型、普惠

---

[1] 上海财经大学课题组、徐国祥、张正等：《上海高品质生活评价指标体系研究》，《统计科学与实践》2019 年第 6 期。

[2] 姚树洁：《怎样理解"创造高品质生活"》，《当代党员》2018 年第 11 期。

[3] 雷晓康、张琇岩：《高品质生活的理论意涵、指标体系及省际测度研究》，《西安财经大学学报》2023 年第 2 期。

[4] S. Samavati, R. Veenhoven, "Happiness in Urban Environments: What We Know and Don't Know Yet", *Journal of Housing and the Built Environment*, Vol. 39, 2024.

型和发展型。高品质生活的建设侧重的是人民更高层次的需求，但也离不开对基础生存条件的巩固。进一步而言，高品质生活是一个整体性的概念，应当涵盖社会上的所有人群，但在现实中不同群体所处的需求阶段不同，这就要求高品质生活建设应当具有一定的层次划分，尤其是要从制度层面推动人民生活品质的提升。[1]二是从生活领域的种类出发，构建高品质生活的不同维度，最常见的划分标准乃是依据"五位一体"划分成经济生活、政治生活、文化生活、社会生活和生态生活五大维度。[2]这一划分虽然覆盖面广，涵盖了新时代"五位一体"的总体布局，但其不足之处在于难以凸显作为"人民城市"首提地的上海在创造高品质生活中的独特性。与此同时，《后小康时代上海创造高品质生活评价指标及其评估报告》以"健康绿色生活、和谐安宁生活、智慧共享生活、多彩奋进生活"四个维度构建了上海创造高品质生活的指标体系。其优势在于展现了新时代上海高品质生活的特色，如"健康""绿色""和谐""智慧""共享""多彩"等；不足之处则在于这四个维度指向的领域并不清晰。本书认为，高品质生活维度的划分至少要满足三个标准：一是要保证这一领域在高品质生活的创建中地位重要且突出；二是上海在这一领域取得了突出的成就；三是要符合新时代党和国家指明的重要发展方向以及时代发展趋势。在此基础上，本书将从"物质生活、精神生活、绿色生活、健康生活、智慧生活"五大领域出发，概括新时代上海创造高品质生活的方向。

物质生活奠定了高品质生活的基础。如果说高品质生活是高质量发展的目标和结果，那么高质量发展就是高品质生活的基础和前

---

[1] 林梅：《以制度建设推动人民生活品质提高》，《人民论坛》2024年第15期。

[2] 孟东方：《高品质生活的居民感知与创造路径——基于重庆市39个区县的调查分析》，《西部论坛》2021年第3期。

提。[1] 如果没有高质量的发展，就难以推进社会主义现代化建设，遑论创造高品质生活。近年来，上海多措并举，全方位提升市民的收入和生活水平。数据显示，2024 年前三季度，上海市居民人均可支配收入达到 66341 元，同比增长 4.2%，稳居全国首位。在月最低工资标准方面，2024 年上海达到 2690 元，居全国首位。

精神生活提高了高品质生活的境界。习近平总书记指出："物质富足、精神富有是社会主义现代化的根本要求。"[2] 人类社会发展至今，对美好精神生活的向往始终是贯穿其中长盛不衰的主题。同时，精神文化生活也是衡量城市文明程度与居民幸福感的重要维度，这也是上海市委、市政府关注的重点。近年来，一方面，上海积极培育和引进国内外高质量的艺术展览、民俗表演、文化沙龙、文艺演出，充分满足市民的精神文化需求；另一方面，扎实推进文明培育、文明实践、文明创建，以文明社区、文明小区、文明单位、文明家庭建设为抓手，不断提高全市人民的文明素养。

绿色生活营造了高品质生活的氛围。绿色生活不仅是化解生态环境难题的重要途径，也是实现人们对美好生活的迫切需求。[3] 研究表明，城市绿化与当地居民幸福感之间存在正相关[4]，这也是上海在创建高品质生活中重点发力的方向。如今，公园绿地、生态廊道、屋顶花园等绿色空间在上海随处可见，成为市民休闲娱乐的好去处，而

［1］ 杜玉华：《创造高品质生活的理论意涵、现实依据及行动路径》，《马克思主义理论学科研究》2021 年第 6 期。

［2］《习近平著作选读》第 1 卷，人民出版社 2023 年版，第 19 页。

［3］ 陈军、侯绍薇：《中国绿色生活方式构建研究：回顾与展望》，《生态经济》2022 年第 10 期。

［4］ R. Veenhoven, N. C. Wagner and J. Ott, "Does Urban Green Add to Happiness? A Research Synthesis Using an Online Finding Archive", in P. H. Johansen, A. Tietjen, E. B. Iversen, H. L. Lolle and J. K. Fisker (eds.), *Rural Quality of Life*, Manchester University Press, 2023.

"一江一河"更是构成了一道亮丽的风景线。2023 年，上海环境空气质量指数（AQI）优良率为 87.2%，重污染天数比例为 0.3%；受污染耕地和重点建设用地安全利用率持续保持 100%；在党中央、国务院对各省市污染防治攻坚战成效年度考核中，上海名列全国第一。

健康生活构筑了高品质生活的情境。在生活质量研究中，"健康"因素可能是争议最少的因素。大多数生活质量定义都提到了健康，而且几乎所有衡量生活质量的指数都包括它。就其在生活质量中所占权重而言，健康也是领先指标。[1]研究表明，健康饮食与幸福感呈现显著的正相关关系。[2]近年来上海积极实施"健康优先"战略，在健康生活领域取得了一系列显著成就。2023 年，上海居民健康素养水平达到40.46%，实现 16 年连升并创历史新高，主要健康指标保持世界发达国家和地区领先水平，有 16 项指标提前达到健康中国行动 2030 年目标。

智慧生活创新了高品质生活的手段。物联网、大数据、云计算、人工智能等前沿技术为基层治理与民生服务带来了革命性的变革。智能技术不仅提高了生活的便捷性和安全性，还优化了健康管理、能源利用和娱乐休闲等方面，为高品质生活提供了有力的支持。上海服务型城市治理以居民的实际需求为出发点和落脚点，运用大数据、云计算等现代信息技术手段，实现治理决策的精准化、服务供给的高效化，在智慧交通、智慧医疗、智慧教育、智慧社区等多个领域全方位、多层次地推动城市生活品质的跃升。在 2020 年全球智慧城市大会上，上海从全球 350 个城市当中脱颖而出，获得最高殊荣——世界智慧城市大奖。

---

[1] V. Pukeliene, V. Starkauskiene, "Quality of Life: Factors Determining its Measurement Complexity", *Inzinerine Ekonomika-Engineering Economics*, Vol. 22, No. 2, 2011.

[2] R. Veenhoven, "Will Healthy Eating Make You Happier? A Research Synthesis Using an Online Findings Archive", *Applied Research Quality Life*, Vol. 16, 2021.

第二章

夯实物质生活：奠定高品质生活基础

生活，离不开实实在在的物质基础。马克思、恩格斯在《德意志意识形态》中指出："我们首先应当确定一切人类生存的第一个前提，也就是一切历史的第一个前提，这个前提是：人们为了能够'创造历史'，必须能够生活。但是为了生活，首先就需要吃喝住穿以及其他一些东西。"[1] 高品质的生活，更是建立在稳固而丰富的物质生活之上，物质生活构成了高品质生活的基石。[2] 一方面，丰富的物质生活能够满足我们的基本需求，物质层面的满足感、安全感为我们专注于精神层面的追求提供了前提条件，这些追求正是高品质生活的重要组成部分。另一方面，物质生活也为高品质生活的体验带来了更多可能性，有了稳固的物质基础作为支撑，我们可以更加自由地选择生活方式、追求更高生活品质。具体来看，高品质的物质生活与收入、就业以及住房息息相关。首先，稳定多样的居民收入作为物质生活的源头活水，提升收入水平，构建多元化的增收渠道，是高品质物质生活的首要前提。其次，良好的就业岗位不仅是居民收入的保障，更是个人生活价值的集中体现。通过稳定就业市场并打造高质量的就业环境，让每个人都能在适合自己的岗位上充分展现才华，这是高品质生活的关键所在。最后，舒适的居住环境是人们衡量生活品质的重要指标，

---

[1]《马克思恩格斯选集》第 1 卷，人民出版社 2012 年版，第 158 页。
[2] 文军：《以服务型城市治理创造高品质城市生活》，《文汇报》2024 年 11 月 12 日。

优化住房条件，构建多维度的保障体系，让居民住得安心舒心，是高品质物质生活的必要条件。收入、就业和住房不仅涵盖了物质生活的核心内容，也体现了上海在打造高品质生活方面的经验与智慧。

一、提升收入水平与构建多元化增收渠道

习近平总书记 2015 年 11 月 23 日在十八届中央政治局第二十八次集体学习时的讲话指出，"坚持在经济增长的同时实现居民收入同步增长、在劳动生产率提高的同时实现劳动报酬同步提高。拓宽居民劳动收入和财产性收入渠道"。收入对于维持生活水平和提升生活质量至关重要，让居民的钱袋子鼓起来是打造高品质生活的根本。近年来，上海按照"保基本、兜底线、补短板、可持续"的要求，集中财力保障基本民生，确保福利水平建立在可持续的财力支撑和社会预期可控的基础上，持续提升居民收入增长的稳定性和可持续性，通过实施富口袋计划，加速居民收入增长，合理引导居民增加金融投资，并推动多元化业态发展，引领高薪就业机会，以此提升居民收入水平并构建多元化增收渠道，为推动居民高品质生活的实现提供核心支点。

（一）富口袋计划：推动居民收入快速增长

收入增长对提升生活品质至关重要，也是衡量高品质生活的重要指标之一。根据国家统计局数据对比分析发现，2024 年前三季度，上海居民人均可支配收入高达 66341 元，同比增长 4.2%，稳居全国首位（见表 2-1）。[1] 这一数据证明了上海作为中国经济、科技创新中心的领先地位，同时也彰显了上海市民殷实的物质基础，进一步巩固了上海作为高品质生活典范城市的地位。

---

[1]　参见国家统计局"国家数据 National Data 查数"平台，2024 年 12 月 9 日。

表 2-1　31 个省份 2024 年前三季度居民人均可支配收入

地区	2024 年第三季度	2023 年第三季度	同比名义增速（%）
上海	66341	63681	4.2
北京	64314	61718	4.2
浙江	52206	49821	4.8
天津	42499	40713	4.4
江苏	42307	40286	5.0
广东	41037	39325	4.4
福建	37266	35439	5.2
山东	32229	30567	5.4
重庆	30792	29241	5.3
辽宁	29998	28598	4.9
内蒙古	29724	28316	5.0
安徽	27942	26539	5.3
湖南	26861	25591	5.0
湖北	26636	25382	4.9
江西	25760	24519	5.1
海南	25760	24573	4.8
四川	25687	24341	5.5
陕西	25653	24294	5.6
河北	25547	24243	5.4
山西	23708	22578	5.0
宁夏	23421	22181	5.6
广西	23032	21833	5.5
河南	22494	21344	5.4
吉林	22312	21210	5.2
西藏	21777	20147	8.1
黑龙江	21719	20594	5.5
云南	21474	20367	5.4

（续表）

地区	2024 年第三季度	2023 年第三季度	同比名义增速（%）
青海	21284	20180	5.5
贵州	20866	19814	5.3
甘肃	19108	18003	6.1
新疆	18811	17614	6.8

　　为进一步奠定高品质生活的物质基础，近年来上海持续优化宏观收入分配格局，推动城乡居民收入持续较快增长，出台了一系列相关居民增收政策。如 2022 年 12 月上海市政府印发了《上海市激发重点群体活力带动城乡居民增收实施方案》(以下简称《方案》)[1]，实施重点群体精准激励措施，瞄准技能人才、科研人员、小微创业者等增收潜力大、带动能力强的八类群体，有条不紊地分类推进收入分配制度的深化改革，完善与上海经济社会发展水平及功能定位相适应、符合不同行业特点与发展规律的分配机制，不断培育和扩大中等收入群体，带动城乡居民总体增收。在具体操作方面，例如针对技能人才完善"多劳多得、技高者多得"的技能人才收入分配政策，通过引导企业合理确定技能劳动者薪酬水平，逐步建立技能劳动者工资增长机制。针对高素质农民，将其培育纳入现代农业发展相关规划，实施农业经理人培育计划，提高高素质农民增收能力。针对科研人员，进一步突出知识价值分配导向，统筹调动并发挥好基础研究、应用研究、技术开发、成果转化等创新链不同环节各类人员的创造性，形成科研项目、成果、奖励等与科研人员的奖励性绩效工资挂钩的制度，为科技创新人员提供充分和稳定的基本收入保障，为科研人员提供较高标

---

[1]　上海市人民政府：《上海市激发重点群体活力带动城乡居民增收实施方案》，载上海市人民政府网站，2022 年 12 月 26 日。

准的收入待遇。针对企业经营管理人员，优化绩效考核机制，完善薪酬激励机制，有序推进混合所有制企业员工持股试点。针对公务员队伍，严格贯彻落实规范公务员工资津贴补贴要求，落实基本工资正常调整机制。总之，上海市政府高度重视重点人群的行业属性与收入需求，有针对性地拟定个性化、多元化、发展性的增收方案，致力于实现城乡居民的总体性增收，为上海市民高品质生活的实现提供坚实保障。

除了城乡居民总体性增收之外，低收入群体的生活需求始终是上海关注的焦点，《方案》中也将有劳动能力的困难群体列为"重点群体"。为保障这些群体的基本生活，上海市政府不断调整最低工资标准，力求在经济增长与社会公平之间找到平衡点。根据市人力资源和社会保障局关于调整本市最低工资标准的通知，自 2023 年 7 月 1 日起，上海最低工资标准从 2590 元提升至 2690 元，小时最低工资标准从 23 元调整为 24 元。这些数字不仅在全国范围内处于领先地位（见表 2-2）[1]，也彰显了上海在保障劳动者权益方面的决心和力度，体现了政府对于保障劳动者基本生活的重视。最低工资标准的调整，不仅关乎劳动者的切身利益，更是衡量一个城市经济发展水平和社会公平程度的重要指标。此外，通知还规定延长工作时间的工资、夏季高温津贴、中夜班津贴及有毒有害等特殊工作环境下的岗位津贴、伙食补贴、上下班交通费补贴、住房补贴、个人依法缴纳的社会保险费和住房公积金等项目不作为月最低工资的组成部分，由用人单位另行支付。此举也体现了政府在促进社会公平、改善人民生活条件方面的责任和担当。它不仅能够改善他们的生活质量，提升消费能力，还能

---

[1] 参见上海市人力资源和社会保障局：《上海市人力资源和社会保障局关于调整本市最低工资标准的通知》，2023 年 6 月 30 日。

够在一定程度上促进社会公平与和谐，也是实现高品质生活的基础所在。

表2-2 全国各省、自治区、直辖市最低工资标准情况

地区	月最低工资标准				小时最低工资标准			
	第一档	第二档	第三档	第四档	第一档	第二档	第三档	第四档
北京	2420				26.4			
天津	2320				24.4			
河北	2200	2000	1800		22	20	18	
山西	1980	1880	1780		21.3	20.2	19.1	
内蒙古	1980	1910	1850		20.8	20.1	19.5	
辽宁	2100	1900	1700		21	19	17	
吉林	2120	1920	1780		21	19.5	18	
黑龙江	2080	1850	1750		19	17	16.5	
上海	2690				24			
江苏	2490	2260	2010		24	22	20	
浙江	2490	2260	2010		24	22	20	
安徽	2060	1930	1870	1780	21	20	19	18
福建	2030	1960	1810	1660	21	20.5	19	17.5
江西	2000	1870	1740		20	18.7	17.4	
山东	2200	2010	1820		22	20	18	
河南	2100	2000	1800		20.6	19.6	17.6	
湖北	2210	1950	1800		22	19.5	18	
湖南	2100	1900	1700		21	19	17	
广东	2300	1900	1720	1620	22.2	18.1	17	16.1
其中：深圳	2360				22.2			
广西	1990	1840	1690		20.1	18.6	17	
海南	2010	1850			17.9	16.3		

（续表）

地区	月最低工资标准				小时最低工资标准			
	第一档	第二档	第三档	第四档	第一档	第二档	第三档	第四档
重庆	2100	2000			21	20		
四川	2100	1970	1870		22	21	20	
贵州	1890	1760	1660		19.6	18.3	17.2	
云南	2070	1920	1770		20	19	18	
西藏	2100				20			
陕西	2160	2050	1950		21	20	19	
甘肃	2020	1960	1910	1850	21	20.5	20	19.5
青海	1880				18			
宁夏	2050	1900			20	18		
新疆	1900	1700	1620	1540	19	17	16.2	15.4

注：本表数据时间截至 2024 年 10 月 1 日。

（二）金融化市场：合理引导增加投资收入

2023 年 1 月 31 日，在中共中央政治局就加快构建新发展格局进行第二次集体学习时，习近平总书记指出，"着力扩大有收入支撑的消费需求、有合理回报的投资需求、有本金和债务约束的金融需求。"作为数字经济的重要组成成分，数字金融的发展带来了居民投资收入的显著增加[1]，助推居民加快实现高品质生活。自 2013 年上海自由贸易试验区成立以来，上海在金融市场的开放与创新方面取得了显著成效。通过扩大金融制度型开放，如创设自贸账户体系和推出跨境双向人民币资金池，以及提升全球金融资源配置功能，例如支

---

[1] 张勋、万广华、吴海涛：《缩小数字鸿沟：中国特色数字金融发展》，《中国社会科学》 2021 年第 8 期。

持推出"沪港通""沪伦通"等，上海自贸区有效促进了企业"走出去"和高质量发展。此外，深化金融体制机制创新，允许金融机构开展非居民并购贷款、科创员工持股贷等，进一步提高了资金使用效率，增加了居民投资性收入。2022年12月，《上海市激发重点群体活力带动城乡居民增收实施方案》也指出全市要积极开展财产性收入开源清障行动，消除影响居民获取财产性收入的障碍，拓宽居民获取财产性收入的渠道，为居民提供了更加便捷、高效的金融服务，为高品质生活的构建提供了有力的金融支撑，并集中体现在以下三个方面。

其一，积极拓展居民财产的投资路径。上海通过搭建平台，助力创新创业项目及中小微企业顺利接入新三板及区域性股权交易市场，不仅为其融资活动提供便捷通道，而且持续深化金融工具的创新应用，推出更多元化的理财产品，以更好地满足居民日益增长的财富管理需求。此外，上海持续推动保险产品与服务领域的革新，尤其是加大对个人税收优惠型健康保险的支持，并不断探索养老金融服务的创新路径，以构建一个更加全面、贴心的保障体系。同时，上海积极鼓励金融机构优化服务质量，创新产品类型，激发产品创新活力，并督促证券期货经营机构完善配套措施，细化投资者风险承受能力的分类管理，以确保金融服务的高效性与安全性并重，为打造高品质生活提供坚实的金融支撑。例如，利用大数据分析，推出针对年轻消费者量身定制的消费贷款产品，此举既降低了贷款门槛，又增强了消费者的购买意愿和归属感。

其二，加强对财产性收入的法治保障。为规范金融市场的有序运行，为实现居民高品质生活保驾护航，上海致力于强化资本市场的诚信与透明度建设，推动地区行业自律组织诚信平台的搭建，并积极探索基金、证券、期货等同业公会间的诚信信息共享机制，以促进市场的公平竞争与健康发展。为确保市场信息的真实准确，上海不断完善上市公司的信息披露制度，严厉打击信息披露违法违规行为，同时加强对中介机构的执业监督，确保市场环境的清朗。上海还积极引导上市公司通过现金分红回馈投资者，强化长期投资理念，对有能力但长期不分红的企业实施监管约束，对分红不足、违规减持、内部交易等行为依法严惩不贷，切实保护投资者利益。此外，上海加强对银行理财及代销产品销售的监管力度，严格执行代销业务管理制度，确保金融产品的合规销售。同时，通过多种渠道加强居民金融投资风险教育，提升公众的投资风险识别与防范能力，确保居民财产安全。在房屋征收拆迁领域，上海继续深化房屋价值市场化评估机制，严格规范房屋征收与拆迁流程，全力保障居民在房屋征收及拆迁补偿过程中的合法权益不受侵犯，夯实居民财产性收入安全网。

其三，聚焦于合理调节财产性收入。上海积极响应国家号召，与财政部等部委紧密合作，深入推进个人所得税税制改革，以重点项目、重点人群、重点行业和重点政策为抓手，加强对高收入者个人所得税的风险管理，并探索建立"一人式"自然人涉税数据库。同时，积极落实残疾人劳动所得税收减免、重点群体和退役士兵就业限额减征等税收优惠政策，进一步体现了税收在促进社会公平和民生改善方面的重要作用。在此基础上，根据国家要求，上海不断优化个人所得税征管体制，强化社会配套措施，推动建立健全个人涉税信息共享机制，以提高税收管理的精准性和效率。另外，上海致力于完善对资本、财产类所得的税收管理制度，通过科学合理的税收政策，平衡劳动所得与资本所得税负水平，既保障了劳动者的辛勤付出得到应有回报，又促进了资本市场的健康发展，为居民财产性收入的增长提供了有力支撑。这一系列举措不仅体现了上海在税收管理上的创新与智慧，更为打造高品质生活奠定了坚实的经济基础。

（三）多元化业态：新兴产业引领收入倍增

习近平总书记 2024 年 1 月 31 日在二十届中央政治局第十一次集体学习时的讲话中指出，"要整合科技创新资源，引领发展战略性新兴产业和未来产业"。这为促进新兴产业引领收入倍增奠定重要思想基础。作为中国的金融中心，上海不仅在传统金融业如证券、银行等领域持续稳健发展，更在新兴产业的浪潮中勇立潮头，成为引领高薪收入、发展虚拟经济[1]与高品质生活的典范。如表 2-3 所示，2023 年上海战略性新兴产业增加值占 GDP 的比重达到 24.8%，凸显了其在推动高质量发展、提升城市能级和核心竞争力上的显著成果。[2]随着游戏、半导体、集成电路与芯片等新兴行业的异军突起，上海不仅成功培育壮大了新动能，实现了经济的高质量发展，更推动了多元化业态的形成，为居民创造了前所未有的高薪收入机会。

表 2-3 2023 年战略性新兴产业增加值及其增长速度

指　　标	绝对值（亿元）	比上年增长（%）
战略性新兴产业增加值	11692.50	6.9
工业战略性新兴产业增加值	3988.18	1.5
服务业战略性新兴产业增加值	7704.32	10.0

自 2021 年 7 月《上海市战略性新兴产业和先导产业发展"十

---

[1] 赵文、张车伟：《中国虚拟经济及其增加值测算——基于国民收入来源的视角》，《中国社会科学》2022 年第 8 期。

[2] 参见上海市统计局：《2023 年上海市国民经济和社会发展统计公报》，2024 年 3 月 21 日。

四五"规划》颁布以来，上海明确了"9＋X"重点领域（9个重点领域包括：集成电路、生物医药、人工智能三大核心产业，以及新能源汽车、高端装备、航空航天、信息通信、新材料、新兴数字六大重点产业。"X"指前瞻性布局光子芯片与器件、类脑智能等未来先导产业）的发展方向，这些领域不仅引领着全球科技与产业的尖端发展，还是为居民创造高薪酬就业机会的重要基础。

同时，上海通过打造电子信息产业、生命健康产业、汽车产业、高端装备产业等六大产业集群，形成了具有全球竞争力的现代化产业体系。这些产业集群不仅提升了上海在全球产业链和价值链中的地位，更为居民提供了更多元的高薪就业机会和收入增长途径。在六大产业集群中，新能源汽车、高端装备、航空航天等产业的发展尤为迅猛。同时，高端装备与航空航天产业亦取得瞩目进展，不仅为当地居民带来更多高薪、高技能的就业机会，还极大地促进居民高品质生活的实现。举例来说，集成电路领域上海已成为全国集成电路产业的"排头兵"，产业链健全，产业势能高。上海市经信委于2022年9月公布的数据显示，当年上海已汇聚超过1000家集成电路领域的重点企业，产业规模攀升至1200亿元，这些企业不仅极大地推动上海的经济增长，还为当地居民创造了丰富的就业机会及可观的薪资收入。同样，生物医药和人工智能产业也展现出强大的就业吸纳与待遇吸引能力。上海生物医药产业规模持续增长，2022年达8537亿元，同比增长5.7%，新增获批1类新药4个，数量居全国第一。作为全国首个"国家人工智能创新应用先导区"，上海在核心技术、场景运用、生态建设、人力资源等方面持续发力已经构建了业态最为完备的数字内容产业链，在头部企业层面，中国互联网企业综合实力百强榜中，上海独占17席，位居次席；从上市企业维度观察，科创板232家信息技术企业中，上海企业以 40 家之姿傲居榜首；从细分领域看，上海占据全国 40% 的网络游戏市场，60% 的金融信息服务市场，70% 的 O2O 生活服务市场，90% 的网络文学市场，一批企业深耕细分赛道，引领行业发展。[1]

表 2-4 2024 年第三季度行业招聘薪酬排行榜 （单位：元）

排名	行　业	平均薪酬	中位数	排名	行　业	平均薪酬	中位数
1	基金 / 证券 / 期货 / 投资	13353	10429	13	计算机硬件	10926	8957
2	人工智能	12768	10500	14	专业服务 / 咨询	10905	8250
3	保险	12541	10244	15	工业自动化	10723	8746
4	通信 / 电信运营、增值服务	12407	9500	16	互联网 / 电子商务	10661	8628
5	能源 / 矿产 / 采掘 / 冶炼	11579	8940	17	石油 / 石化 / 化工	10624	9000
6	计算机软件	11514	10000	18	房地产中介	10570	9000
7	新能源	11503	9472	19	电力 / 水利 / 热力 / 燃气	10320	9000
8	银行	11467	10000	20	仪器仪表制造	10218	8485
9	电子技术 / 半导体 / 集成电路	11426	9000	21	通信 / 电信 / 网络设备	10151	8000
10	航空 / 航天研究与制造	11412	9000	22	网络游戏	9981	8000
11	T 服务（系统 / 数据 / 维护）	11357	9497	23	医疗设备 / 器械	9870	8000
12	医药 / 生物工程	10967	9000	24	房地产 / 建筑 / 建材 / 工程	9864	8000

---

[1]《2023 投资上海·全国行（杭州站）暨数字经济产业生态合作大会成功举办》，载投资上海 Invest Shanghai 微信公众号，2023 年 11 月 30 日。

（续表）

排名	行　业	平均薪酬	中位数	排名	行　业	平均薪酬	中位数
25	汽车	9857	8482	36	教育/培训/院校	8991	7500
26	大型设备/机电设备/重工业	9769	8000	37	广告/会展/公关	8925	7500
27	环保	9692	8000	38	加工制造（原料加工/模具）	8907	7500
28	耐用消费品	9449	8000	39	物流/仓储	8822	8000
29	贸易/进出口	9364	7500	40	交通/运输	8672	7500
30	医疗/护理/美容/保健/卫生服务	9260	7500	41	旅游/度假	8122	6500
31	家居/室内设计/装饰装潢	9108	8000	42	零售/批发	8084	6750
32	农/林/牧/渔	9093	7500	43	办公用品及设备	7840	6795
33	快速消费品	9087	7500	44	印刷/包装/造纸	7785	6444
34	娱乐/体育/休闲	9030	7500	45	酒店/餐饮	7294	6000
35	媒体/出版/影视/文化传播	9020	7500	46	物业管理/商业中心	6955	5745

　　如表2-4所示，根据智联招聘发布的2024年第三季度《中国企业招聘薪酬报告》，基金、证券、期货、投资、保险、银行业等金融行业的平均招聘月薪分别为13353元、12541元、11467元，均位列行业前十。同时，信息技术行业如人工智能、通信/电信运营、计算机软件、电子技术/半导体等，以及新能源、航空/航天研究与制造等行业的招聘薪酬水平也较高，平均薪酬超过1万元，这些行业在各类职业人群中名列前茅。这些产业的发展不仅推动了上海经济结构的优化升级，更为居民提供了多样的高薪就业选择。综上所述，这些新

兴产业的蓬勃发展，不仅极大地促进上海经济的繁荣，更为居民开辟多元化的高薪就业渠道，丰富了收入来源，为高品质生活的实现注入活力。

未来上海将继续坚持创新驱动发展战略，以战略性新兴产业为引领，打造更多具有全球竞争力的产业集群和创新高地。根据上海市统计局发布的数据，2023年上海实现地区生产总值47218.66亿元，同比增长5.0%。通过政策引导、资金投入和人才引进等举措，上海的产业结构得到进一步优化，产业能级持续提升。例如，第三产业增加值增长6.0%，信息传输、软件和信息技术服务业增加值增长11.3%。同时，固定资产投资比上年增长13.8%，其中房地产开发投资增长18.2%。这些数据表明，上海正在为居民提供更多元化、更高薪酬的就业机会和收入增长途径。上海将以其独特的魅力和强大的实力，成为更多人心中的高品质生活之都。

二、稳定就业市场与打造高质量就业环境

就业是最基本的民生，事关人民群众切身利益，事关经济社会健康发展，事关国家长治久安。[1]习近平总书记2023年5月5日在二十届中央财经委员会第一次会议上的讲话中指出："要稳定劳动参与率，提高人力资源利用效率，促进高质量充分就业。支持青年人创业就业。加强灵活就业和新就业形态劳动者劳动保障权益维护。"作为打造高品质生活的重要基石，上海积极贯彻落实党的二十大提出的"就业优先"战略，精心筹划、周密部署，通过推进完善的就业保障工作体系建设，依托"乐业上海"公共服务品牌，以打造全周期就

---

[1] 习近平：《促进高质量充分就业》，《求是》2024年第21期。

业服务链、拓展灵活就业发展空间、促进尖端人才创新创业为基本目标，不断强化公共就业服务基石，持续促进就业质的有效提升和量的合理增长，不断增强广大劳动者的获得感幸福感安全感，从而为推动高品质生活的实现注入源源不断的动能。

（一）嵌入式站点：打造 15 分钟就业服务圈

习近平总书记指出，为了促进高质量就业，要"完善就业公共服务制度，打造覆盖全民、贯穿全程、辐射全域、便捷高效的全方位就业公共服务体系，提高就业公共服务可及性和均等化、专业化水平"[1]。为深化公共就业服务的可及性与质量，上海致力于构建高质量的"15 分钟就业服务圈"，旨在通过强化基层就业服务载体，促进充分且高质量的就业，进而提升居民的高品质生活体验。2023 年 3 月，《上海市就业促进条例》正式实施，从法规层面为这一创新服务模式奠定坚实基础，并明确政策导向与定位。上海在推进"15 分钟就业服务圈"的过程中，紧密围绕居民需求，优化服务体验，形成了多项特色鲜明的工作经验。[2]

首先是科学规划与制定标准。在充分调研的基础上，上海市人社局和民政局联合印发"15 分钟就业服务圈"建设指引，提出了"服务阵地延伸到家门口，将服务队伍沉入网格里，把就业服务及时送到社区居民手中"的理念，并就织密基层服务网络、建强站点服务功能、加强高校毕业生等重点群体就业帮扶提出具体要求。同时，上海市人社局会同规划资源局印发了《上海市"15 分钟就业服务圈"社区就业服务站点建设指导标准》，就服务站点的功能定位、场所布局、

---

[1] 习近平：《促进高质量充分就业》，《求是》2024 年第 21 期。

[2] 上海市人力资源和社会保障局案例编写组：《"15 分钟就业服务圈"夯实民生之本》，《文汇报》2024 年 6 月 23 日。

设施配备、人员配置、信息化建设以及运行保障等具体事项标准作了规范。

其次是科学布点与强化配置。各区全面排摸重点群体分布区域，精准锁定重点人群多、就业帮扶需求大的片区，充分利用党群服务中心、基层公共就业服务平台、社工站等基层公共服务平台的共享空间。在站点标识上，统一采用全市的"15分钟就业服务圈"标识和宣传标语，以此增强品牌效应，同时也鼓励各区保持自身个性，加挂自有具体名称标识。在人员配备上，每个就业服务站点安排至少1名就业服务人员，鼓励站点配备志愿者协助就业服务人员工作。在硬件设施上，结合上海公共就业招聘新平台、"一网通办"等服务平台系统，配备具备岗位信息查询、政策查询等自助就业服务功能的终端设备。

最后是聚焦需求与优化服务。围绕青年大学生、就业困难人员等各类重点群体就业服务需求，推送就业政策服务，全面推动就业服务向基层延伸。同时，在群众身边举办就业服务活动，实施一人一档、精准画像，量身定制服务方案，帮助服务对象尽早走上工作岗位。此外，充分运用"大数据＋铁脚板"，依托网办平台和社区就业服务站点，持续完善线下线上工作机制，确保在需求排摸、就业指导、职业介绍、跟踪反馈等关键节点做实做细，从而提升来沪人员的就业服务水平。近年来，上海不断打造并完善"上海公共就业招聘新平台"，对"一网通办"等数字化经办渠道进行优化。同时，部分区域也自主开发线上服务平台，诸如浦东新区的"15分钟就业服务圈"小程序、闵行区的"易就业"，以及宝山区的"宝就业"平台。2024年上海将"15分钟就业服务圈"建设列入"上海市2024年为民办实事项目"，并明确目标为建成350个站点。截至2024年10月底，共建成"15分钟就业服务圈"社区就业服务站点355个，显示了建设进度的迅速和目标的可实现性。[1]这些"家门口"的就业服务站点已成为广大社区居民就业路上加快实现高品质生活的"加油站""指导站"。

技能是立业之本、强国之基，职业技能培训是实现高质量充分就业的重要支撑。为了进一步稳定就业市场与打造高质量就业环境，上海也不断强化职业技能培训与改革。一方面，2024 年 10 月23 日，上海市人力资源和社会保障局印发《上海市职业技能培训机构设置标准》，为进一步加强本市职业技能培训机构管理，促进职业技能培训市场健康发展奠定政策基础。2024 年 12 月，上海发布《关于进一步加强本市重点产业领域技能人才培养试点工作的通知》，进一步聚焦集成电路、生物医药、人工智能三大先导产业以及养老护理、家政服务等重点行业领域，推出一系列技能人才培养新政，引导劳动者自主提升与市场需求匹配的技能水平，支持市场主体开展以促进就业为导向的职业培训[2]，更是有力推动了居民高品质生活的实现。

另一方面，实践层面上海以实施"120 万职业技能培训计划"为抓手，围绕重点产业、企业，动态更新急需紧缺职业（工种）和新技能培训项目两个目录，将其作为技能人才培养的"风向标"。2024 年推出的 100 项急需紧缺职业（工种）目录，主要集中在"3 + 6"重点产业领域，有关高技能人才政策向重点领域倾斜。33 项新技能培训目录，则聚焦当前产业发展急需但培训空白的领域，集中在先进制造业、现代服务业、战略性新兴产业等。同时，优化升级培训内容，突

---

[1] 上海市人力资源和社会保障局：《建成 350 个"15 分钟就业服务圈"社区就业服务站点——进展情况》，载上海市人社局网站，2024 年 11 月 5 日。

[2] 《职业技能提升补贴标准上调 30%！上海发布重点产业领域技能人才培养新政》，载上观新闻，2024 年 12 月 4 日。

出就业导向，聚焦在职人员、高校毕业生以及失业人员等各类群体的现实需求，增强技能培训的针对性和有效性，让他们通过培训"能就业""就好业"。针对技能培训的三个重点人群（在职人员、高校毕业生和失业人员），支持政策和做法各不相同。如对于在职人员，鼓励企业对员工开展大规模短期培训，将前沿技术感知运用的优势转化为培训的优势。通过线上"技能人才需求填报平台"，企业可以填报培训需求。对于高职院校学生，推进实施"学历证书＋若干职业技能等级证书"制度，侧重于提升学生的动手及实操能力，让学生在校期间就能参加培训获得技能证书，为毕业即就业打好基础、畅通渠道。对于失业人员，"一人一档"排摸失业人员就业需求，实施针对性的上岗培训、定向培训。2024 年开展 2 万人次以上，力争让参加培训的失业人员都能尽快上岗就业，提高培训后的就业率。对按规定参加职业技能培训，取得职业技能等级证书的，可获得补贴，补贴标准从 600元至 3500 元不等。

此外，加强各方资源整合与协同发力，上海人社局联动经信、国资、交通、住建、教委、民政、商务、科委等相关行业、产业主管部门，调动院校、行业企业、社会培训机构等多方主体的积极性，全力打造技能培训的"上海方案"。

（二）新就业布局：拓展灵活就业发展空间

习近平总书记 2024 年 5 月 27 日在二十届中央政治局第十四次集体学习时的讲话中指出，"要健全劳动法律法规，规范新就业形态劳动基准"。近年来，上海作为创新发展的前沿阵地，其在线新经济及互联网新业态的蓬勃兴起，不仅引领行业变革，更催生出一支规模近 300 万的灵活就业大军，成为推动城市新增就业、提升居民高品质生活的重要力量。上海深入贯彻落实习近平总书记关于就业工作的重要论述和重要指示批示精神，2023 年 2 月 25 日，上海市十六届人大常委会第一次会议审议并通过了《上海市就业促进条例》，该条例自 3 月 1 日起正式施行。条例的实施标志着上海在促进灵活就业、保障灵活就业者权益方面迈出坚实步伐，同时明确了促进高质量充分就业的指导方针，包括规范灵活就业、消除就业歧视、加强政策支持与创业扶持、创造公平就业环境、强化就业服务与管理、加强职业教育和培训、加强就业援助和重点群体就业支持等。[1] 相较于 2005 年发布的旧版规定，新版《上海市就业促进条例》不仅在篇幅上大幅扩展，内容更为详尽，且首次引入考核与追责机制，确保政策有效执行。尤为值得一提的是，条例在全国范围内率先设立"灵活就业"专章，通过一系列创新举措，为灵活就业者构筑起一道坚实的保障网，极大地提升他们的安全感与归属感。

该专章聚焦七大核心要点，旨在全方位促进灵活就业的高质量发展，与高品质生活紧密相连。一是拓宽渠道与优化环境。通过清理取消对灵活就业的不合理限制，加大对个体经营、非全日制及灵活新就业形态的支持力度，拓宽灵活就业的发展空间，优化灵活就业环境，强化政策服务供给，让灵活就业成为推动高品质生活的重要引擎。二是实现公共就业服务全覆盖。将灵活就业人员纳入公共就业服务体系，在公共就业服务信息平台上开设灵活就业专区专栏，提供免费的岗位供求信息、新职业发布、政策咨询及职业指导，帮助他们精准匹配市场需求，实现更高质量就业。三是零工市场专业化服务。建立专门的零工市场，并举办专场招聘会，为灵活就业人员打造规范、有序的求职环境，进一步提高就业服务的专业水平。四是职业培训与评价

---

[1] 参见上海市人力资源和社会保障局：《上海市就业促进条例》，2023 年 3 月 1 日。

激励，政策补贴向为灵活就业人员提供职业培训和评价的企业倾斜，鼓励用人单位组织灵活就业人员开展岗前培训、岗位技能提升培训，帮助他们稳定就业、提升就业质量，从而享受更高品质的生活。五是社保待遇与补贴保障。符合条件的灵活就业人员，可享社保待遇及补贴，在本市就业的灵活就业人员，可以按照国家和本市规定参加社会保险，依法享受社会保险待遇；符合条件的灵活就业人员，可以按照相关规定申请社会保险补贴、就业岗位补贴；对符合条件的灵活就业人员，按照规定纳入相应的社会救助范围，确保他们在面对生活风险时拥有坚实的后盾。六是平台企业合规用工。明确互联网平台企业合规用工责任，依据具体用工情况，依法签订劳动合同或书面协议明确权责，同时引导、督促相关服务企业保障新就业形态劳动者权益，为灵活就业者打造公平、正义的就业环境。七是商保服务创新发展。建立和完善新就业形态劳动者职业伤害保障制度，鼓励发展与职业伤害保障制度相衔接的互助保障和商业保险，为灵活就业者提供更多元化的风险保障选择。

2023 年版《上海市就业促进条例》正式实施标志着灵活就业人员被正式纳入公共就业服务和技能培训体系，同时户籍限制得到放宽，网上参保流程得到优化，这些措施极大地便利了灵活就业者的生活。特别是针对出行、外卖、即时配送、同城货运等新兴就业形态，条例明确平台企业的合规用工要求，并建立完善的职业伤害保障制度，为灵活就业领域的规范发展开辟新路径。综上所述，上海正以开放的姿态和创新的精神，积极拓展就业新空间，通过制定和完善地方就业法规，为灵活就业领域的健康发展注入新的活力，也为广大灵活就业者创造更加稳定、安全、有尊严的就业环境，从而有力推动居民高品质生活的实现。

（三）产教联合体：促发尖端人才创新创业

目前以机器人和人工智能为代表的新一轮科技革命迅猛发展，在推动生产力进步的同时，也加速了劳动力市场的重构，对就业和收入分配产生重要影响。在此背景下，设计有效的公共政策，提升就业市场的韧性、灵活性和安全性，对于中国实现高质量充分就业、扎实推进高品质生活的建设具有重要意义。[1] 近年来，上海市积极以产业园区为基础，聚焦区域主导产业，深化产教融合、产学合作，通过市域产教联合体的建设，促进了尖端人才的创新创业。2023 年 9 月，市教委、市经信委、市发展改革委等多部门协同立项建设了 14 个市域产教联合体和 15 个行业产教融合共同体，这些联合体和共同体由国家级和市级经济技术开发区、国有企业、行业龙头企业以及本科高校和高职院校牵头，共同探索创新良性互动机制，推动职业教育与行业进步、产业转型、区域发展同频共振。这些举措不仅加强了产教联合体的建设，还为上海职业教育服务国家发展、助力上海建设、增进民生福祉提供了坚实基础。具体来说，上海主要形成了以下特色经验做法。

一是搭建创新创业服务基地，提供产教研学一体化平台。2024 年 5 月上海创新创业青年 50 人论坛首次发布七大"上海青年创新创业基地"。针对需求服务青年，从产业重点、青年友好政策等方面在全市考量推荐，同时结合区域发展重点以及各区青年创新创业工作基础，上海遴选出"大零号湾"科技创新策源功能区、模速空间、市北高新园区、上海紫竹高新技术产业开发、上海多媒体产业园、移动智地产业园以及张江药谷七大"上海青年创新创业基地"。创新创业基地

---

[1] 王永钦、董雯：《中国劳动力市场结构变迁——基于任务偏向型技术进步的视角》，《中国社会科学》2023 年第 11 期。

围绕（2＋2）＋（3＋6）＋（4＋5）的现代化产业体系布局，面向有志青年，开展科技成果自主研发、转移转化、企业孵化、科技服务及人才培养等多元化工作，在明确产业重点、优化扶持政策、完善配套服务等方面发挥重要的社会引领作用。

二是开设创新创业研修营，打造青年人才互动交流窗口。2023年，第四届上海创新创业青年50人论坛首次推出"上海创新创业年度十大研修营"，旨在为全球创新创业青年提供支持服务。2024年3—10月间上海市继续推出了新一批"上海创新创业研修营"，面向全球青年开放报名通道，聚焦数字素养提升、工业互联网创新、科创文旅产业、沪港澳青年创新创业、长三角G60科创走廊九城市青年创新创业、数字经济企业上市辅导等主题，通过导师一对一辅导、定期闭门会议、行业大咖深度分享、专题技能培训、项目路演展示、资金精准扶持、资源高效对接、全程陪伴计划等方式，全面提升青年创新创业能力，促进各方交流合作，加速项目落地实施，从而搭建创新创业青年选择并扎根上海的桥梁和通道，打造近悦远来的全球性青年创业营商环境。

三是推出创新创业扶持计划，完善人才扶持相关配套服务。上海全方位梳理、集成式推出区级重点园区的扶持政策，对创新创业企业在创业资金、办公场地、创业投资、人才引入等方面进行扶持，尤其聚焦人工智能、生物医药、集成电路等重点领域，面向海外积极延揽世界一流人才，同时通过白玉兰人才计划、东方英才计划、超级博士后激励计划等举措引进培养青年拔尖人才；对创新创业青年在人才落户、个人奖励等方面做好配套服务，开展政策宣介，为全球青年来沪创新创业提供向导指引。从2017年起，上海提出"创新创业服务能力提升计划"，围绕"专业化、品牌化、国际化"发展方向，对各类载体进行引导和扶持。

四是设立上海创新创业服务"三团"，为青年群体提供智库支持。"三团"分别为导师团、科创服务团和专业服务团。导师团一般由历届论坛重要嘉宾以及全市创新创业领域具有代表性的专家、企业家组成，聚焦青年创新创业主题，为高校学生、园区青年提供指导、帮助和服务；科创服务团携手行业协会、园区、孵化器、投融资机构等，为科技企业赋能；专业服务团则发挥政策指南针、企业智囊团、人才孵化器的作用，为创新创业青年群体提供公益性的专业领域辅导和支持。未来，"三团"将联合为青年双创提供各类专项服务。

举例来说，上海国际汽车城产教联合体作为产教深度融合的典范，致力于通过"以教促产、以产助教"的模式，推动教育与产业的双向赋能。该联合体聚焦新能源与智能网联汽车这一前沿产业集群，不仅深化产教融合、产学合作，更构建了覆盖产业园区企业的"大学生实习与就业联盟"，为青年人才搭建起通往高品质职业的桥梁。在2024年6月18日的上海国际汽车城产教融合发展大会上，上海科学技术职业学院与上海国际汽车城（集团）有限公司共同发起组建该联合体，旨在通过校企合作，共同探索产教融合的新路径和新举措。在此基础上，产教联合体精心拟定校企共商人才培养方案，联合建设职工培训基地，针对新能源与智能网联汽车产业的关键技术难题，组建跨界技术研发及应用团队。这些举措不仅提升了人才的技能水平，更为尖端人才的创新创业提供了肥沃的土壤。通过产教联合体的精心打造，尖端人才在前沿领域翱翔，他们的创新成果如雨后春笋般涌现，为产业升级注入了澎湃动力。这些创新成果最终将转化为推动社会进步、提升民众生活质量的重要力量，为实现高品质生活奠定坚实基础。

三、优化住房条件与构建多维度保障体系

人人住有所居，是人民对高品质生活向往的基础性组成部分。习近平总书记 2023 年 11 月 28 日至 12 月 2 日在上海考察时的讲话指出，"城市不仅要有高度，更要有温度。我们的社会主义就是要走共同富裕的路子。要践行人民城市理念，不断满足人民群众对住房的多样化、多元化需求"。这为上海进一步推进优化住房条件与构建多维度住房保障体系，在上海城市高质量发展、人民高品质生活实现中积极贡献力量，把新思想新理论转化为推动人民群众宜居安居的生动实践指明了方向。近年来，上海围绕货币化配建、差异化供给以及四网化融合建设全力以赴推进住房条件改善与保障性租赁住房建设供应工作，确保"人有所居""人人安居"。

（一）货币化配建：探索保障房筹措新路径

习近平总书记在党的十九大报告中指出"让全体人民住有所居"，又在党的二十大报告中强调，"坚持房子是用来住的、不是用来炒的定位，加快建立多主体供给、多渠道保障、租购并举的住房制度"[1]。保障性租赁住房作为这一体制的关键支柱，是以习近平同志为核心的党中央针对大城市住房难题所作出的重大战略抉择。自 2021 年国家保障性租赁住房政策出台以来，上海市委、市政府积极响应，各相关部门秉持开局即决战、起步即冲刺的决心，深入践行党的二十届三中全会及中央政治局会议精神，细致研究消化存量房产与优化新增住房

---

[1] 习近平：《高举中国特色社会主义伟大旗帜　为全面建设社会主义现代化国家而团结奋斗——在中国共产党第二十次全国代表大会上的报告》，人民出版社 2022 年版，第 48 页。

的政策方案，率先开展保障房货币化配建探索，依据房地产市场的供需新态势与保障房需求的新变化，巧妙地将市场与保障、增量与存量相融合，开辟保障房货币化配建的新模式，为保障性房源的筹集开辟全新路径，进一步推动居民高品质生活的实现。

保障房货币化配建机制，其核心在于允许新建商品住房项目中按既定比例实物配建的保障房，根据项目具体情况，选择等额转化为货币化配建资金，并由区住房保障平台机构专项用于收购适宜的存量商品住房或二手房，定向满足住房保障需求。此机制下，上海市各区域可灵活决定，将新建商品住房项目中的实物配建保障房转化为货币化资金，实施严格管理、专款专用。区住房保障平台机构则根据区域租赁市场的实际需求，收购适合的中小户型存量商品住房或二手房定向用作保障房，不仅确保了房源布局的合理性与供应的精准性，还极大促进了职住平衡。通过货币化配建机制收购的房源，相较于传统实物配建房，在总面积、总套数、总价值上均保持不减，且更具适配性与灵活性，显著提升了居住品质。

近年来，上海通过多种方式，包括新建、配建、改建等，积极筹措并供应保障性租赁住房。截至 2024 年 7 月底，上海全市已累计建设筹措各类保障性租赁住房 51.7 万套（间），供应 32.3 万套（间），分别占"十四五"规划总目标的 86% 和 81%，在解决新市民、青年人等住房困难群体的"租得到"问题上取得显著成效，为实施货币化配建机制，进一步解决"租得近""租得好"问题奠定坚实基础。[1]

保障房的筹措与配置紧密贴合市场需求，使得更多新市民、青年人能够"住得满意""住得安心"。上海通过探索保障房货币化配建的

---

[1] 杨玉红：《让更多新市民"租得近""租得好" 上海探索走出保障房房源筹措新路径》，《新民晚报》2024 年 9 月 4 日。

新模式，不仅创新优化保障性租赁住房的实施方式，增加了货币化配建路径，提高了政策灵活性，还极大提升了保障房的供给效率与住房保障工作水平。通过收购适宜的存量商品住房或二手房，有效缩减保障房的等待周期，加快保障房供给结构的优化进程，促进职住平衡与供需的精准对接，为居民创造更为优质的生活居住环境。

（二）多样化供给：保障住房资源合理配置

习近平总书记指出，"从我国国情看，总的方向是构建以政府为主提供基本保障、以市场为主满足多层次需求的住房供应体系"[1]。在优化基本住房条件与推进保障性租赁住房建设供应的征途中，上海深刻洞察新市民与青年人的居住需求，精准把握他们在租房过程中遇到的瓶颈、困扰及挑战，确立了"租得到、租得起、租得稳、租得好"的四维目标体系，旨在凭借创新政策举措，促进住房资源多样化、包容性供给与合理配置，为高品质生活打下坚实基础。

首先，上海在"租得到"方面多管齐下，积极拓宽房源筹集渠道。遵循"多主体供给、多渠道保障"的原则，上海克服土地资源限制，细化落实保障性租赁住房的土地与规划支持政策。通过租赁住房用地供应、企事业单位自有闲置土地转型、非居住存量房屋改建、产业类项目配套建设以及集体经营性建设用地利用等多种方式，有效增加了租赁住房供应。如中国航发商用航空发动机有限责任公司利用自有存量土地建设筹措1070套保障性租赁住房。这些措施不仅盘活了存量土地资源，还促进了土地资源的高效利用，为新市民与青年人提供了多样化、优质的租赁选择。其次，在"租得起"方面，上海对保障性租赁住房租金初次定价和调价涨幅实行"双控"稳定保障对象预

---

[1]《习近平谈治国理政》，外文出版社2014年版，第192—193页。

期，即面向社会供应的项目，初次定价在同地段同品质市场租赁住房租金的九折以下，后续调价每年涨幅最高不超 5%；面向本园区、本单位、本系统职工定向供应的项目，租金可进一步降低，确保实现租户可负担的目标。同时，为了减轻租户负担，结合人才安居政策，积极鼓励属地政府与用人单位提供租房补贴，从而进一步降低租赁成本。同时，上海还严格执行以小户型为主的政策，将全市保障性租赁住房套均面积控制在 50—60 平方米左右，此举不仅降低了租赁成本，还显著提升了居住品质。再次，在"租得稳"方面，上海致力于稳定租期与健全配套服务。通过设定合理的租赁合同期限与续租条件（原则上不少于 1 年、不超过 3 年；合同到期经复核仍符合准入条件即可续租，不设最长保障总年限；不再符合准入条件的，房源退出，周转使用），保障了承租人的居住稳定性。同时，明确保障性租赁住房承租人及居住使用人可享受基本公共服务，如居住登记、居住证办理及社区公共户落户等，增强了承租人的归属感与安全感。最后，在"租得好"方面，上海坚持"建管并重"的理念，致力于打造"小户型、全功能、悦生活"的高品质保障性租赁住房。在建设上，根据新市民与青年人的需求特点，精心设计户型与公共空间，高标准配置配套设施。在管理上，将保障性租赁住房纳入城市网格化管理与社区服务范围，实施党建引领的社区治理行动，推动服务型治理共同体形成[1]，营造温馨和谐的居住环境。

此外，从事城市建设、基础公共服务的一线劳动者是城市发展运行中不可或缺的一部分，而关心关爱城市一线劳动者、解决好他们在上海就业期间的安居宜居问题，也是深入践行人民城市理念、奠定

---

[1] 文军：《超大城市治理共同体及其建构——基于服务型治理的视角》，《光明日报》2024 年 11 月 13 日。

高品质生活基础的迫切需要。习近平总书记 2023 年 11 月 28 日至 12 月 2 日在上海考察时指出，"外来务工人员来上海作贡献，同样是城市的主人"。当前上海保障性租赁房已形成"一套房、一间房、一张床"供应体系，但主要以"一套房、一间房"为主。立足当前，着眼长远，上海积极谋划"一张床"供应体系，更好保障收入相对较低的劳动群体。2023 年以来，上海积极打造"新时代城市建设者管理者之家"项目，该项目是以宿舍床位供应为主的租赁住房项目，是"一张床、一间房、一套房"多层次租赁住房供应体系的重要组成部分和示范标杆项目。主要面向建筑施工、环卫绿化、市政养护、保安保洁、快递外卖、物业、家政、医护等城市建设、运行保障和市民生活服务保障等行业一线人员，以及来沪新就业、初创业的人员。[1]建设配套上以四人一间，带有独立卫浴设施的宿舍为主，合理配置双人间、单人间，因地制宜配备共享空间和公共设施。运营管理上，由社会力量参与投资建设运营，用人单位共享租赁，供员工拎包入住纳入基层社区治理。项目优先布局在配套成熟、交通便利、产业集中、人口导入等区域。人均床位租金基本控制在入住人员收入的 10%—15%，有效减轻了新市民、青年人的租房负担。这一举措取得了阶段性成效，得到了社会广泛认可。2023 年 11 月 29 日，习近平总书记考察闵行区新时代城市建设者管理者之家时，对上海在保障性租赁住房方面的工作给予了充分肯定。[2]

综上所述，上海在保障性租赁住房建设供应方面取得显著成效，通过完善住房保障体系，持续优化保障房的空间布局，以及依托新一

[1] 李铁林：《为一线劳动者托起"安居梦"》，《人民日报》2024 年 11 月 12 日。

[2] 上海市人力资源和社会保障局案例编写组：《加快发展多层次保障性租赁住房体系》，《文汇报》2024 年 7 月 28 日。

轮技术革命成果，提升居住品质和居住体验等[1]，上海不仅满足了新市民与青年人的居住需求，还提升了他们的居住品质与生活满意度。未来，上海将继续深化住房制度改革，完善多层次租赁住房供应体系与住房保障制度，为构建高品质生活城市贡献力量。

（三）"四网融合"：赋能交通民生工程建设

习近平总书记2023年5月10日在河北雄安新区考察时指出："交通是现代城市的血脉。血脉畅通，城市才能健康发展。要在建设立体化综合交通网络上下功夫，在充分利用地下空间上下功夫，着力打造一个没有'城市病'的未来之城，真正把高标准的城市规划蓝图变为高质量的城市发展现实画卷。"近年来，上海认真践行"把最好的资源留给人民"的理念，坚持规划先行、科学布局、职住平衡，在赋能交通民生工程建设方面采取了一系列积极措施，旨在构建一个四通八达的交通网络，以满足市民的出行需求，进而提升居住品质。

一是铁路与轨道交通的双重升级，打造便捷住房通勤圈。上海在铁路与轨道交通方面进行了大规模的建设与升级，以构建一个高效、便捷的住房通勤圈。例如，沪通铁路二期工程的建设进展迅速，该工程北起太仓站，南至四团站，途经太仓市及上海市嘉定区、宝山区、浦东新区、奉贤区，全长约111.8公里。沪通铁路二期工程作为国家中长期铁路网规划"八纵八横"高铁网沿海通道的重要组成部分，主要承担上海、苏南与苏北地区城际旅客交流，同时兼顾货物运输功能。建成通车后，将填补上海东部地区干线铁路空白，使上海铁路枢纽和网络布局更加均衡合理。通过高铁，市民可以轻松实现跨城通勤，享受更加优质的住房资源。在轨道交通方面，为了提升居民居住

---

[1] 严荣、张黎莉、王逸邈：《基于人民城市理念的上海住房保障供给研究：内涵、实践与优化路径》，《华东师范大学学报（哲学社会科学版）》2024年第6期。

与出行的高品质体验，上海市区不断加快轨道交通建设，新开和延伸了多条地铁线路。例如，2024 年开工建设了 20 号线一期东段，该线路全长约 21.3 公里，设 14 座车站，包括与多条线路的换乘站，预计2030 年完工。同时，上海还在加快建设崇明线、嘉闵线，并已建成机场联络线、17 号线西延伸段。这些线路的建设和延伸，极大地扩大了轨道交通的覆盖范围，使市民出行更加便捷。上海机场联络线作为一项重要交通里程碑，实现虹桥国际机场与浦东国际机场之间的快速联系，通行时间缩短至约 40 分钟。17 号线西延伸工程的建成也进一步扩大市域线的服务范围，形成串联西岑科创中心、朱家角、青浦新城及虹桥枢纽的快速客运通道。

二是公交与慢行网络的完善，提升住房周边出行品质。在公交与慢行网络方面，上海同样进行了大量的投入与建设。在公交网络方面，上海持续优化线路布局，提升服务质量，为市民带来更加便捷舒适的出行体验。上海还积极推进公交电动化、智能化技术，以降低运营成本，提高运营效率。这些举措不仅提升了市民的出行品质，也为市民在住房周边提供了更加丰富的出行选择。在慢行网络方面，上海注重打造绿色、健康的出行环境。通过建设自行车道、步行道等慢行设施，为市民提供了便捷环保的出行方式。同时，上海还积极推进共享单车、共享电动车等新型交通工具的普及与应用，为市民提供了更加灵活、便捷的出行选择。这些慢行网络的建设，不仅提升了市民的出行效率，也为市民在住房周边提供了更加舒适、健康的出行环境。

三是交通与住房政策的深度融合，实现住房便利的最大化。在交通与住房政策的深度融合方面，上海也进行了大量的探索与实践。在交通政策上，上海注重将交通规划与住房规划相结合，落实本市"中心辐射、两翼齐飞、南北转型、新城发力"的空间格局优化战略，在布局上向新城、产业园区、轨道交通站点周边和人口导入区域聚焦，通过优化交通网络布局、提升交通服务质量等方式，为市民提供更加便捷、高效的住房通勤服务。尤其是新城建设，以稳定就业、稳定居住为导向，结合产业发展、人口导入、人才成长不同阶段居住需求，适度提高保障性租赁住房在新增住房供应中的占比，将新城轨交站点600米范围内70%以上新增住宅用地用于保障性租赁住房，努力把新城建设成为住房发展的民生福祉之城。同时，上海还积极推进交通智能化、信息化等新技术的应用，为市民提供更加精准、个性化的出行服务。这些政策的深度融合，不仅提升了市民的住房便利程度，也为城市的可持续发展注入了新的活力。

总之，上海在打造高品质生活的过程中，通过"四网融合"战略，全面赋能交通民生工程建设。具体在铁路与轨道交通的双重升级、公交与慢行网络的完善以及交通与住房政策的深度融合等方面，上海取得了显著的成效。这些举措不仅提升了市民的出行效率和生活品质，更极大地加大了市民在住房选择及居住便利性方面的支持力度，为打造居民高品质生活奠定了坚实基础。

案例专栏：
杨浦区长白新村街道228乐业空间

杨浦区长白新村街道于2019年10月设立长久援手乐业空间，辐射辖区16个居委会，在促进就业方面取得了显著成效。2023年9月，空间正式入驻长白街道228街坊，结合上海市"15分钟就业服务圈"社区就业服务站点建设指引，将服务阵地直接延伸至居民家门口，服务队伍深入网格内部，为社区居民提供了包括就业需求排摸、就业岗位筹集、供需匹配、能力提升、援助帮扶以及创业指导在内的六大功能服务，有效发挥社区就业服务站点枢纽作用。2024 年 1 月至 10 月，长白 228 乐业空间在杨浦区人社局的指导下，共开展各类特色活动 26 场，服务了 223 名求职者。通过招聘会及直播带岗，吸引了 1386 人参与，与 55 家企业合作，最终有 88 人获得了意向录用。

依托 228 街坊的整体资源优势，站点积极打造"长久援手"这一工作品牌，完善就业工作机制，以就业服务站点为基础，织密基础服务网络，建强站点服务功能，加强高校毕业生、就业困难人群等重点群体就业帮扶，以点带面开展招聘、培训、职业指导、岗位开发等各项促进就业活动，为基层就业工作提供重要载体；以"摸底数、拓岗位、强服务"为抓手，为失业人员提供全方位的就业服务，进一步提升社区就业工作的水平，为居民带来高品质的就业体验。

案例来源：乐业杨浦　微信公众号

第三章

丰富精神生活：提升高品质生活境界

在新时代的浩瀚征途中，城市不仅是经济发展的引擎，更是人民幸福生活的载体。2019 年 11 月，习近平总书记在上海考察时指出："城市是人民的城市，人民城市为人民。"[1] 2023 年 11 月，习近平总书记在上海考察时指出："要把增进民生福祉作为城市建设和治理的出发点和落脚点，把全过程人民民主融入城市治理现代化，构建人人参与、人人负责、人人奉献、人人共享的城市治理共同体。"[2] 从指出城市建设的根本目的在于服务人民，到倡导构建城市治理共同体，让每一位市民都能参与、负责、奉献并共享城市发展成果，这深刻体现了我们党以人民为中心的发展思想。对此，上海市委书记陈吉宁表示，要把深入践行全过程人民民主与人民城市理念更加紧密结合起来，把人民城市理念更好融入城市发展全过程，谱写新时代"城市，让生活更美好"新篇章。[3]

在这一宏伟蓝图中，丰富人民的精神文化生活成为不可或缺的一环。习近平总书记指出："以文化人、以文惠民、以文润城、以文兴

[1]《习近平在上海考察时强调 深入学习贯彻党的十九届四中全会精神 提高社会主义现代化国际大都市治理能力和水平》，《人民日报》2019 年 11 月 4 日。

[2]《习近平在上海考察时强调 聚焦建设"五个中心"重要使命 加快建成社会主义现代化国际大都市》，《人民日报》2023 年 12 月 4 日。

[3]《深入学习贯彻习近平总书记全过程人民民主重大理念座谈会在上海召开》，《人民日报》2024 年 11 月 3 日。

业，展现城市文化特色和精神气质，是传承发展城市文化、培育滋养城市文明的目的所在。"[1]随着物质条件的日益充裕，人民群众对精神文化的需求愈发强烈，这不仅是社会进步的标志，也是对深化改革的新要求。改革，必须紧紧围绕人民的需求展开，确保其成果惠及全民。而深化文化体制机制改革，正是为了打破束缚，激发文化创新活力，让优质的文化产品和服务不断涌现，推进超大城市的"服务型治理"[2]，满足人民对美好生活的新期待。这不仅是解决文化供给"好不好"问题的关键，更是丰富人民精神世界、增强民族精神力量的必由之路。作为融汇古今、连接中外的文化名城，上海不仅是展示中华文化的重要窗口，更是践行"人民城市"理念的前沿阵地。承载着习近平总书记的深切期望，上海有责任也有能力在文化改革的浪潮中勇立潮头，扮演好排头兵与先行者的角色。面对新时代的精神文化需求，上海不断将文化的力量转化为提升城市竞争力、增强人民幸福感的实际行动，共同绘制出一幅人民城市精神生活丰富多彩、高品质生活触手可及的新画卷。

一、创设多样文化娱乐空间与休闲活动

习近平总书记在党的十九大报告中强调："完善公共文化服务体系，深入实施文化惠民工程，丰富群众性文化活动。"[3]在繁华与喧嚣交织的现代都市生活画卷中，上海以其独树一帜的风貌，细腻地勾勒

---

[1]《传承发展城市文化 培育滋养城市文明》，《瞭望》2025年1月25日。

[2] 文军：《超大城市治理共同体及其建构——基于服务型治理的视角》，《光明日报》2024年11月13日。

[3] 习近平：《决胜全面建成小康社会 夺取新时代中国特色社会主义伟大胜利——在中国共产党第十九次全国代表大会上的报告》，人民出版社2017年版。

出生活的艺术与无尽韵味。这座历史悠久而又摩登前卫的国际化大都市，巧妙地将过往的辉煌与未来的憧憬融为一体，为生活在这座城市中的人们编织了一个既多元开放，又时刻洋溢着创新活力的文化娱乐网络与休闲空间。精神文化生活是衡量城市文明程度与居民幸福感的重要维度，上海每年通过举办各类中外文化节、艺术节、民俗活动及非遗展示，深入挖掘并弘扬地方特色文化，让市民在参与中感受中外高品质文化的魅力，极大地丰富了市民群众的精神文化生活。[1] 从外滩的万国建筑群到陆家嘴的现代摩天大楼，从弄堂深处的老茶馆到艺术气息浓厚的 M50 创意园，上海以其独有的包容性，让每一种文化形态都能在这里找到生根发芽的土壤。上海不仅极大地丰富了民众的精神文化生活，使得每个人都能在这座城市中寻找到属于自己的心灵栖息地，更在无形中提升了城市的整体文化品质与国际魅力，让"上海"这张名片成为创新与传承并蓄、本土与国际交融的文化符号，吸引着全世界的目光与向往。

（一）艺术滋养：以文化盛宴提升民众生活韵味

艺术场馆作为城市文化的重要载体，不仅展现了上海的城市形象和文化特色，更成为民众精神生活的重要组成部分。[2] 近十年来，上海美术馆数量激增，形成了广泛覆盖、类型多样的艺术空间网络。2023 年上海市美术馆名录收录 100 家美术馆，含国有美术馆 27 家，非国有美术馆 73 家。2023 年全市美术馆共接待观众 702 万人次，举办 792 项展览，举办公共教育活动 4963 项。[3] 其中，中华艺术宫（上

---

[1] 文军：《以服务型城市治理创造高品质城市生活》，《文汇报》2024 年 11 月 12 日。

[2] 刘以鸣、许还幻、周岩：《基于公共艺术视角的数字创新驱动城市公共空间品质提升研究》，《城市发展研究》2023 年第 1 期。

[3] 上海市文化和旅游局：《100 家！2023 年上海市美术馆名录发布》，载乐游上海微信公众号，2024 年 1 月 31 日。

海美术馆）以其独特的艺术语言，引领着上海美术馆矩阵的发展，丰富了民众的精神世界。上海坚实的经济基础与丰富的文化艺术资源，为美术馆的蓬勃发展提供坚实的基础和源源不断的动力，使得上海成为全球建筑设计，尤其是文化艺术类公共建筑设计的实验场。例如，由普利兹克奖得主让·努维尔设计的浦东美术馆，凭借其创新的设计理念，已成为上海新的文化地标，显著提升了陆家嘴地区的艺术品质和人文环境。

为了进一步提升民众的参观体验，上海在艺术场馆的开放时间、门票政策、导览服务等方面也进行诸多优化。随着《公共文化惠民工程三年行动计划（2023—2025 年）》的全面启动，以及《上海市美术馆管理办法》的施行，上海博物馆东馆、中国近现代新闻出版博物馆等重大文化设施相继建成开放，为市民提供了更多高品质的文化艺术享受空间。同时，上海还推出了"演艺新空间""美术新空间"等，完成了社区文化活动中心的更新提升，扩大了文化艺术场馆教学实践基地。特别是在城市美育方面，上海通过"社会大美育"课堂、艺术普及教育活动等，让艺术走进社区、走进生活，有效提升了民众的艺术素养和审美能力。

在公共空间的艺术融合策略上，上海通过精心布局艺术雕塑、壁画、装置艺术等公共艺术设施，显著增强城市的文化氛围，极大地丰富民众的艺术体验维度。作为中国和上海知名的公共艺术文化品牌，中国·上海静安国际雕塑展扎根于上海城市历史文化的核心区域——静安，以双年展形式呈现。展览用第一个十年，以"城市"为主题讲述公共艺术在静安、上海的美育故事。自 2020 年起的全新十年主题"空间"，开始演绎从城市到空间的视角，从宏观到微观的体察。为深入践行"人民城市"的重要理念，推动绿色空间开放、共享、融合的新实践，在静安雕塑公园围墙打开和实行 24 小时开放的基础上，主办方精选国际大师重量级作品和国内艺术家高水准作品，以雕塑为媒介发起了一场全球文化交流，激发公众关于历史、地域、生活方式和城市发展等话题的探讨，丰富市民文化体验，彰显国际城区的人文关怀。这些艺术作品的巧妙设置，不仅扮靓了城市景观，更深层次地引发了关于历史记忆、地域特色、生活方式及城市发展路径的多元思考，充分展现了国际城区在人文关怀方面的深刻内涵与实践探索。

艺术活动的多样性与创新性作为上海提升居民生活品质的核心要素，不仅体现在定期筹办的上海艺术节、双年展、国际电影节等节庆活动中，还展现在大力推进的城市艺术计划、社区艺术节等公共艺术项目上。这些项目活动汇聚国内外艺术精品，为公众献上绚烂多彩的文化盛宴，使艺术贴近民众，增强了艺术参与度和文化认同感。[1]为深入践行人民城市理念，贯彻落实习近平总书记考察上海时强调的"城市不仅要有高度，更要有温度"要求[2]，上海也高度重视非户籍人口，尤其是规模庞大的快递员、外卖骑手等新就业群体的精神文化需求。通过举办"迎新春"等系列社区艺术文化活动，让他们在欢度节日的同时，深切感受到城市的温暖与归属感。同时，在艺术教育方面，通过开设艺术公开课程、组织艺术工作坊、实施艺术进校园计划等，持续提升公众的艺术修养与审美水平。随着科技的不断进步，上海在数字艺术领域的探索也日益深入，数字艺术展、虚拟现实艺术体验等新兴艺术形式为百姓带来了前所未有的体验，如"未来有

---

[1] 罗易扉：《地方、记忆与艺术：回到地方场所与往昔的历史经验》，《清华大学学报（哲学社会科学版）》2023 年第 2 期。

[2]《"城市不仅要有高度，更要有温度"》，《人民日报》2023 年 12 月 5 日。

数"2023 上海市民数字艺术创意大赛便展示了数字艺术独特魅力。此外，上海积极推动科技与艺术深度融合，运用人工智能、大数据增强现实等技术创作艺术作品，拓展艺术边界，如首届上海数字艺术国际博览会就展现了数字艺术的无限潜力。[1]

（二）资源共享：以公共空间塑造民众美丽生活

在公共空间的设计与建设上，上海始终秉持多样性与包容性的原则，以满足不同年龄段和兴趣爱好的居民需求，提升城市活力。通过精心规划与设计，上海打造了一系列功能多样的公共空间，如儿童游乐区、成人健身区、休息区、服务点等，这些空间不仅丰富了市民的业余生活，更成为城市文化的重要载体。[2]特别是积极推进"一江一河一带"生态空间布局，加快环城生态公园带建设，打造了"一江一河"滨水区高品质公共空间。[3]"一江"指黄浦江，"一河"是苏州河，二者流淌千年、穿城而过，作为上海的母亲河，共同见证了城市变迁。新时代，"一江一河"滨水区实现"工业锈带"向"生活秀带""发展绣带"的转变，生态、经济、社会效益逐步显现。截至2024 年 11 月，上海已贯通"一江一河"岸线超过 100 公里，生态空间规模增至 1200 公顷，建设"千座公园"达 832 座，六成以上全天候开放，111 家企事业单位开放附属绿地。[4]这一举措不仅腾让出大量土地用于绿色生态开放空间的建设，更让市民能够亲近自然，享受高品质的城市生活。同时，上海还积极推进"15 分钟社区生活圈"建

[1]《呈现数字世界艺术面貌　首届上海数字艺术国际博览会开幕》，《解放日报》2023 年 2 月 13 日。

[2] 杨超：《城市治理视角下的公共空间规划模式与方法探索——以北京城市副中心为例》，《城市发展研究》2022 年第 4 期。

[3] 杨海燕：《"一江一河一带"打开生态文旅新空间》，《文汇报》2024 年 1 月 14 日。

[4] 中共上海市委：《奋力谱写新时代人民城市建设新画卷》，《人民日报》2024 年 11 月 1 日。

设，将各类城市功能下沉至社区层面，营造出更具特色与活力的服务场景。例如普陀区万里街道创新"一座一书""诗风万里""'万里观光'灯光艺术季"等年轻人喜闻乐见的文化品牌，打造"15 分钟社区生活美学圈"，增加了社区的独特魅力。

在公共空间的可达性与便捷性上，上海公共空间的布局合理且均匀，避免了某些地区公共空间过剩而某些地区严重缺乏的情况。通过科学规划，上海确保每个区域都能拥有足够数量和质量的公共空间，满足市民的休闲娱乐需求。同时，这些公共空间之间形成了连贯的网络，通过步行道、骑行道、公共交通等方式紧密相连，方便市民在不同的公共空间之间穿梭。在便捷交通方面，上海依托完善的公共交通体系，如地铁、公交、共享单车等，让市民能够轻松到达各个公共空间。深入实施文化惠民工程，健全优质文化资源直达基层机制，发布252 个"家门口的好去处"，建成 100 家演艺新空间，实现市民夜校16 个区全覆盖。[1]此外，还注重打造环城生态公园带等重大项目，通过连接外环绿带、楔形绿地、生态间隔带等，构建宜居宜业宜游的大生态圈。2020 年，上海市委全会通过了《中共上海市委关于深入贯彻落实"人民城市人民建，人民城市为人民"重要理念，谱写新时代人民城市新篇章的意见》，并将推进公园城市建设的指导意见纳入人民城市建设"1＋N"政策制度体系，提出打造环城生态公园带作为上海生态之城建设破题的重大举措，着力构建"一江一河一带"蓝绿生态网络。[2]

在公共空间的管理与维护实践中，上海秉持以人为本的理念，通过社区会议、问卷调查等多种途径广泛征集居民意见，确保公共空间

---

[1] 中共上海市委：《奋力谱写新时代人民城市建设新画卷》，《人民日报》2024 年 11 月 1 日。

[2] 《上海："一江一河一带"打造"家门口的公园"》，《中国青年报》2024 年 10 月 29 日。

的功能设计与服务真正贴合居民需求。[1]同时，构建了一套完善的维护管理机制，涵盖定期对公共设施的细致保养、及时更新修复，以及对花草树木的精心修剪与养护，保障了公共空间环境的持续优化。在规范管理方面，上海明确规章制度，设定处罚措施，有效引导公众行为，避免了环境破坏与秩序扰乱，维护了公共空间的良好风貌。更进一步，上海积极推动构建政府、企业、社区与居民多方参与的共治机制，形成了共建共治共享的治理新格局，增强了公共空间管理的效能与活力。值得一提的是，上海在公共空间维护中融入深厚的人文关怀，其不仅流行"Citywalk"，也是一座随处可以坐下来休息的城市。截至 2023 年底，全市公园、绿地、商业街等公共空间已累计优化提升休憩座椅 2.1 万余处，认捐认养 743 处。[2]这一贴心举措不仅极大便利了市民的休闲需求，更彰显了城市的人文温度与对老龄化社会挑战的积极应对，体现了上海作为国际都市在公共空间管理上的精细化与人性化并重的先进理念。

（三）潮流打造：以时尚消费激发民众生活热情

在上海这座国际化大都市的宏阔图景中，时尚消费不仅是驱动经济发展的强劲引擎，更是丰富人民精神世界、提升生活品质的关键要素。[3]上海深入贯彻习近平新时代中国特色社会主义思想，紧密围绕党的二十大和二十届二中、三中全会精神及习近平总书记考察上海重要讲话精神，精准把握新发展阶段制造业高质量发展的时代脉搏，紧

---

[1] 杜伊、金云峰：《社区生活圈的公共开放空间绩效研究——以上海市中心城区为例》，《现代城市研究》2018 年第 5 期。

[2] 上海市绿化和市容管理局：《对市十六届人大二次会议第 1070 号代表建议的答复》，载上海市绿化和市容管理局网站，2024 年 5 月 7 日。

[3] 张娇、武旋：《都市青年新消费：时尚潮酷场景及其对城市消费的影响作用——以北京、上海、广州、深圳为例》，《中国青年研究》2024 年第 4 期。

抓消费多元化带来的广阔机遇。依托消费品产业深厚的历史积淀、成熟的市场体系以及高效的资源配置能力，上海将时尚消费品产业定位为塑造城市新风貌、激发产业新活力的核心支点。根据上海市人民政府办公厅 2017 年 2 月发布的《关于推进本市消费品工业增品种、提品质、创品牌的实施意见》，上海正通过系统实施"增品种、提品质、创品牌"的发展战略，着力构建一个时尚生活方式与消费品产业相互依存、相互促进的良性循环生态。具体而言，上海以新兴赛道为引领，推动产业提质增效与规模扩张；以高标准为导向，塑造并传播城市的时尚品牌形象；以多元化供给为基石，创造丰富多样的消费场景，从而为国际消费中心城市的建设注入源源不断的新动力与活力。

上海在时尚消费空间的创新与布局上，彰显出独特的城市韵味与前瞻的战略视野。依据上海市经济和信息化委员会等发布的《上海市时尚消费品产业高质量发展行动计划（2022—2025 年）》，上海正精心规划 1＋9"时尚星云"产业空间布局，致力于构筑国家级别的行业特色区域与产业集群。在此背景下，南京路步行街、淮海路、新天地等消费新地标脱颖而出，它们不仅作为市民购物的首选之地，更凭借自身独有的文化氛围与时尚韵味，成为吸引国内外游客的磁力场。这些地标性空间超越了单纯消费场所的范畴，转而成为城市文化的生动展示窗口，通过策划举办丰富多彩的时尚活动与文化展览，有效激发市民的消费潜能，显著提升上海的时尚影响力。与此同时，上海充分利用进博会、时装周等国际性平台的优势，积极引入世界级潮流时尚活动，促进国际知名高端品牌与新兴时尚品牌的汇聚，从而培育出一批具有标杆意义的时尚消费品万亿级消费市场，为上海时尚消费产业的蓬勃发展注入强劲动力。

在潮流文化的培育与传播领域，上海展现出深厚的底蕴与不懈的努力。一方面，上海致力于本土品牌的孵化与壮大，通过举办时尚秀、设计节等多元化活动，为本土设计师品牌及小众潮牌搭建了广阔的展示舞台，有效促进了潮流文化的本土化发展。例如，静安区"大美巨富长"本土品牌风尚日系列活动，不仅极大地丰富消费市场的供给，还成功助力本土品牌对接孵化平台与时尚资源，实现从线下活动策划到线上服务，从新品发布、展览展示到消费体验、产品销售的全链条协同发展，构建了完整的产业生态。另一方面，上海积极拥抱国际，通过引进国际知名品牌、举办时尚展览以及如上海时装周等国际性盛会，使市民能够近距离感受全球潮流脉搏。特别是2025春夏上海时装周，以"识见新生态"为主题，不仅生动展现了中国设计的创新活力，还通过与国际顶尖品牌的深度合作，有力推动了全球时尚产业的交流与合作，显著提升了上海在全球时尚版图中的影响力与话语权。

社交媒体的兴起，为潮流文化的传播插上了翅膀。[1]微博、抖音、小红书等社交媒体平台，成为上海时尚消费的重要推手。KOL、网红打卡点等新型传播方式，激发了民众对时尚消费的热情，推动了首发经济的蓬勃发展。根据上海市商务委等出台的《关于进一步促进上海市首发经济高质量发展的若干措施》，上海率先发布打造全球新品首发地政策措施，做强"首发经济"，助力新兴品牌快速成长、传统品牌焕新升级、本土品牌健康发展，对区域经济贡献度持续增长。上海通过政策扶持、平台搭建、成果转化等多措并举，成功吸引越来越多的国内外品牌在沪开设首店、举办首发活动。特别是每年3月至5月的"首发上海·FIRST in Shanghai"新品首发季活动，已成为全球新

---

[1] 覃若琰：《网红城市青年打卡实践与数字地方感研究——以抖音为例》，《当代传播》2021年第5期。

品发布的重要窗口，展现了上海作为国际消费中心城市的独特魅力。

在绿色消费倡议方面，上海正积极推动时尚消费品产业的全流程绿色智造，支持环保型新材料的研发和应用，促进自然、可降解材料的供应与发展。通过加强全生命周期管理，上海正努力扩大绿色低碳消费品的供给，同时加强废旧消费品的回收利用处理，减少时尚产业对环境的负担。此外，在循环经济模式的探索上，上海也走在了前列。衣物回收再利用项目、品牌租赁服务等创新模式的出现，不仅鼓励消费者参与可持续时尚，也为时尚产业的绿色发展提供新的路径。值得一提的是，上海还通过绿色消费季等活动进行消费者理念引导，提高公众对可持续时尚的认识，培养负责任的消费习惯。通过媒体宣传、学校教育、公益活动等多种渠道，上海正逐步构建起一个绿色、健康、可持续的时尚消费环境。

二、大力弘扬彰显城市精神与城市品格

在上海这座历史与现代交织、东方与西方交融的璀璨都市里，"海纳百川、追求卓越、开明睿智、大气谦和"的城市精神，以及"开放、创新、包容"的城市品格，犹如一股股不竭的生命之流，深深植根于这片热土之中，成为驱动上海生生不息、砥砺前行的核心力量。这些不仅是上海城市发展的灵魂所在，更是其社会进步与文化繁荣的坚实基石，引领这座城市在历史的长河中破浪前行，不断书写新的辉煌篇章。从外滩的开放包容，到浦东的开发创新；从老城厢的深厚底蕴，到新天地的时尚活力，上海的城市精神与品格无处不在，它们不仅体现在经济建设的迅猛发展和社会治理的精细高效上，更深深渗透于城市的每一个角落，影响着每一位百姓的心灵。在文旅融合

中，上海以开放的姿态迎接世界，用创新的思维激活传统文化；在对外开放上，上海始终站在时代前沿，引领国际贸易与合作的新风尚；在慈善驱动中，上海更是以大气谦和之心，汇聚社会爱心，推动公益事业蓬勃发展。

（一）文旅融合：历史底蕴下的文化体验与品牌建设

追求城市的文化内涵是新时期城市发展的内在要求。[1] 习近平总书记指出："要把历史文化遗产保护放在第一位，同时要合理利用，使其在提供公共文化服务、满足人民精神文化生活需求方面充分发挥作用。"[2] 在历史遗迹的保护与活化利用方面，上海无疑走在了全国前列。从外滩错落有致的建筑群，到古色古香的豫园，再到焕发新生的新天地，每一处历史建筑都经过了精心的修复与改造，成为既承载着历史记忆又具备现代功能的文化地标。自 1989 年公布首批市级优秀历史建筑以来，上海便逐步构建起完善的历史文化风貌区保护制度，实现从单一历史建筑保护到整体历史风貌保护的跨越性转变。如今，全市已累计公布了 44 片、总面积达 41 平方公里的历史文化风貌区，形成了一个"点、线、面"相结合的风貌保护体系[3]，不仅重现了上海的历史风貌，更为城市功能的重塑注入了新的活力。上海让建筑变得"可阅读"，每一处历史遗迹都成为讲述城市故事、传承文化精神的生动载体。

在文化体验的创新与多元化方面，上海通过精心设计一系列结合历史文化与现代体验的旅游线路，如"上海红色之旅"和"海派文化

[1] 黄晴、王佃利：《城市更新的文化导向：理论内涵、实践模式及其经验启示》，《城市发展研究》2018 年第 10 期。
[2] 《习近平谈治国理政》第四卷，外文出版社 2020 年版，第 313 页。
[3] 戚颖璞：《"保护"内涵再延伸　"历史风貌魅力重塑"被列入上海城市更新六大行动》，《解放日报》2024 年 2 月 26 日。

探索之旅"，为百姓提供了深入了解上海文化精髓的机会。上海高质量推进"党的诞生地"红色文化传承弘扬工程，深入挖掘红色资源，加强全市 612 处红色资源、250 处不可移动革命文物的保护，修缮开放一批红色场馆，推出一批红色作品，并巧妙融入了新时代的发展成就，展现了上海改革开放的勃勃生机和现代化建设的辉煌成果。[1]同时，上海还通过举办丰富多彩的文化节庆活动，如上海国际电影节、上海书展、上海艺术节等，极大地丰富了市民的精神文化生活，提升了城市的文化软实力和国际影响力。尤其是上海国际咖啡文化节的举办，以"在上海，品世界"为主题，将咖啡文化与城市生活紧密结合，不仅展现了上海"开放、创新、包容"的城市品格，更成为城市文化品牌塑造与传播的新名片。

在数字时代背景下，上海积极探索数字文化体验的创新，将科技与文化的深度融合推向新的高度。利用 VR/AR 技术、在线展览、数字博物馆等前沿手段，为公众提供更加新颖、便捷的文化体验方式。进博会上的"上海非遗客厅"数字体验区，便是这一创新实践的生动例证，通过 VR 技术全景呈现非遗项目，让参观者仿佛置身于传统文化的海洋之中，深切感受其独特的魅力。这种科技与文化的深度融合，不仅拓宽了文化传播的渠道，更增强了文化的吸引力和感染力，充分体现了上海在文化建设上的"追求卓越"和"开明睿智"。

在城市文化品牌的塑造与传播方面，上海通过提炼具有代表性的城市文化符号，如东方明珠、黄浦江、石库门等，作为城市文化品牌的核心元素，成功打造了一系列具有鲜明地域特色的文化品牌。同时，借助国际文化交流、海外展览、影视作品等多种方式，向世界全

---

[1] 中共上海市委：《奋力谱写新时代人民城市建设新画卷》，《人民日报》2024 年 11 月 1 日。

面展示上海的文化魅力，极大地提升了城市的国际知名度和影响力。"IP SHANGHAI"作为全国首个城市形象资源共享平台，更是通过汇聚数字资源、专业创作者和入驻机构，成功打造数字世界的上海形象，成为"最佳海外传播案例"。

（二）对外开放：多元展会中的文化交流与协同创新

在"海纳百川、追求卓越、开明睿智、大气谦和"的城市精神引领下，上海以其独特的开放姿态，持续在国际文化交流与合作的前沿探索与创新。通过精心引进并举办如进博会等国际性大型展会，上海不仅促进了经济交流，更搭建起文化交流的重要平台，通过多样文化活动的开展，有力地构建起城市居民的认同感与归属感。[1]以第七届进博会为例，超42万平方米的展览展示面积，吸引297家世界500强和行业龙头企业参展，意向成交金额高达800.1亿美元，同比增长2.0%。[2]这一数据不仅彰显上海在全球经济中的影响力，也体现其在国际文化交流方面的深厚底蕴。同时，上海有效利用和传承国际展会留下的文化遗产，如世博会场馆的后续利用，已成为高规格文化活动的首选地，不仅丰富了市民的文化生活，也铸就了上海城市文化的新地标。

上海还通过艺术节、电影节、音乐节、设计周等多元文化活动，搭建起国际文化交流的平台，促进了不同文化之间的理解和尊重。第二十六届上海国际电影节吸引了来自64个国家和地区的影片参展，观影人次达49.5万[3]，成为国际影人和全国影迷共享的盛会，进一步

---

[1] 颜玉凡、叶南客：《认同与参与——城市居民的社区公共文化生活逻辑研究》，《社会学研究》2019年第2期。

[2] 《双向奔赴 合作共赢（走进进博会）》，《人民日报》2024年11月6日。

[3] 《人民节日，电影之城——第26届上海国际电影节闭幕》，载中国新闻网，2024年6月23日。

增强了上海作为国际文化交流中心的地位。同时，上海与国际友好城市开展文化交流项目，如艺术家互访、文化展览互换等，增进了城市间的友谊与合作。体育赛事作为文化交流的重要载体，如F1中国大奖赛、上海网球大师赛等国际顶级赛事的举办，不仅提升了上海的城市形象，也推动了相关产业的发展，展现了上海在体育产业方面的强大实力。《2023年上海市体育赛事影响力评估报告》显示，2023年在上海举办的118项体育赛事共带动消费37.13亿元，其中核心消费7.99亿元、相关消费29.14亿元。赛事共带来49.38亿元的直接经济影响，且间接经济影响显著，其中产出效应128.64亿元，税收效应4.25亿元，就业效应32268个。[1]

在协同创新方面，上海通过政府、企业、高校、研究机构等多方合作，孵化文化创意、科技创新等跨界合作项目，推动文化产业的升级和创新。中国国际数码互动娱乐展览会（ChinaJoy）等国际数码互动娱乐展览会的成功举办，不仅展示了上海在数字文化产业的领先地位，也促进了国内外数字文化企业的交流与合作。同时，上海为文化创业者提供了丰富的展示舞台和市场机会，如中国游戏创新大赛等，激发了文化产业的创新活力。此外，上海积极参与国际文化创新合作，加入或发起国际文化创新网络，促进全球文化创新资源的共享与协作。上海游戏企业凭借其包容精神和深度本地化的策略，积极开拓海外市场，成为中华文化影响力提升的缩影。

（三）慈善驱动：文明实践中的无私奉献与社会担当

2018年，习近平总书记在全国宣传思想工作会议上指出："要深化文明城市、文明村镇、文明单位、文明家庭、文明校园创建工

---

[1]《F1赛事见证飞驰的上海》，载新华网，2024年4月22日。

作，推进诚信建设和志愿服务制度化，提高全社会道德水平。"[1]在上海，慈善不仅仅是一种简单的施予行为，而是已深深融入这座城市的血脉，成为一种精神符号和文化标识，有力提升了城市居民的公共性。[2]这种慈善文化的形成，与上海城市精神紧密相连，共同塑造了一个充满爱心与关怀的社会氛围。上海通过多元化渠道，如媒体宣传、学校教育以及社区活动，将慈善理念潜移默化地传递给每一位市民。例如，"低碳生活新时尚　垃圾分类从我做起"等环保活动，不仅增强了市民的环保意识，也培养了他们的社会责任感；而"跟着劳模进社区""大型义诊进社区"等活动，则通过实际行动展现慈善的力量，激励着更多人参与其中。此外，上海还注重慈善榜样的树立与表彰，通过表彰在慈善事业中作出突出贡献的个人和团体，树立起慈善的灯塔，照亮更多人的慈善之路。在慈善文化的传承与创新上，上海同样展现出非凡的智慧与创造力。传统慈善文化与现代社会发展相结合，催生出网络募捐、慈善义卖、公益讲座等多种新型慈善活动形式，使得慈善更加贴近市民生活，更加符合时代需求。这种"追求卓越"的精神，不仅让上海的慈善文化在传承中保持了活力，也让它在创新中不断焕发新的光彩。截至2024年11月，上海全市注册志愿者超过600万，经常性参与志愿服务的有100万人，市民群众守望相助、自律互助、热忱奉献蔚然成风。[3]

在慈善项目的实施上，上海始终坚持问题导向，精准施策。在扶

[1]《习近平出席全国宣传思想工作会议并发表重要讲话》，载中国政府网，2018年8月22日。

[2] 李晓光、李黎明：《制度分割、志愿者行动与公共性再生》，《西安交通大学学报（社会科学版）》2020年第1期。

[3] 中共上海市委：《奋力谱写新时代人民城市建设新画卷》，《人民日报》2024年11月1日。

贫帮困、教育助学、医疗卫生、环境保护等多个领域，上海推出一系列重点慈善项目。以"乐龄申城·早上海"志愿服务活动为例，该项目通过组织离退休干部志愿者，为老年人提供多元化的服务，不仅丰富了他们的精神生活，也营造了尊老爱老的良好社会风尚。同时，上海在慈善项目的创新与探索方面也走在了前列。利用科技手段提高慈善效率，引入社会资本参与慈善项目，上海在慈善领域展现出了强大的创新能力。如"饿了么蓝骑士为老送餐志愿服务队"和"叮咚买菜志愿服务队"，他们利用自身平台优势，为老年人提供个性化送餐服务，实现了慈善服务的高效与便捷。这种"开放、创新"的城市品格，让上海的慈善项目更加贴近市民需求，更加具有可持续性和影响力。

在慈善体系的构建与完善方面，上海通过制定慈善政策与法规，为慈善事业的健康发展提供坚实的制度保障。税收优惠、资金监管、信息公开等政策的实施，增强了市民对慈善事业的信任和支持，为慈善事业的蓬勃发展奠定了坚实基础。同时，上海还注重慈善组织的培育与发展，公募基金会、非公募基金会、社会团体等各类慈善组织在上海蓬勃发展，它们在慈善事业中发挥着举足轻重的作用，为弱势群体提供物质上的帮助和精神上的关爱。值得一提的是，上海在慈善体系的协同与联动方面展现出强大的组织协调能力。政府、企业、社会组织、志愿者等多方参与的慈善体系，形成协同联动的慈善工作机制，共同推动慈善事业的发展。如"上海慈善周"期间，上海市、区、街（镇）三级联动，各类社会组织积极参与，举办丰富多彩的慈善活动，进一步营造全民慈善的良好氛围。这种协同联动的慈善工作机制，不仅提升慈善事业的效率和效果，也展现上海这座城市在慈善事业上的深厚底蕴和强大实力。

三、深入推进助力终身教育与人文修身

习近平总书记指出："发展文化事业是满足人民精神文化需求、保障人民文化权益的基本途径。要坚持为人民服务、为社会主义服务的方向，坚持百花齐放、百家争鸣的方针，全面繁荣新闻出版、广播影视、文学艺术、哲学社会科学事业，着力提升公共文化服务水平，让人民享有更加充实、更为丰富、更高质量的精神文化生活。"[1]上海，这座充满智慧与活力的城市，正以它独有的文化魅力和超前的教育理念，走在终身教育实践的前沿，全力构建一个全民参与、贯穿一生的学习型社会。[2]从街头巷尾的书香角落，到图书馆内的全民阅读热潮，上海不遗余力地推广阅读文化，让知识的种子在每个人心中生根发芽。在青少年的成长道路上，上海通过校内外教育的紧密联动，以及大科学教育的普及，激发年轻一代对科学的热爱与探索精神。而对于银发族，上海更是创新性地构建终身学习的新生态，让他们在退休后依然能享受学习的乐趣，实现自我价值的新提升。上海在推进终身教育与人文修身方面的努力，不仅极大地提升市民的文化底蕴和社会责任感，更为这座城市的文化繁荣和社会发展注入源源不断的活力。

（一）书香萦绕：推广全民阅读与精品创作出版

习近平总书记在党的二十大报告中强调："加强国家科普能力建

---

[1]《习近平：在教育文化卫生体育领域专家代表座谈会上的讲话》，载中国政府网，2020年9月22日。

[2] 徐莉、肖斌：《新时代终身教育的理性遵循与价值诉求》，《中国电化教育》2022年第6期。

设，深化全民阅读活动。"[1]在推广全民阅读、营造书香社会方面，上海市政府采取了多项有力措施。自 2014 年起，"全民阅读"已连续 11次被写入政府工作报告，成为上海文化建设的重要组成部分。政府通过制定相关政策、增加公共图书馆和社区书屋数量、优化阅读环境，为市民提供优越的阅读条件。例如，黄浦区举办的"2024 阅读大会文化节"、徐汇区的"读万卷书""行万里路""汇万束光"系列活动，以及虹口、普陀、闵行等各区的特色阅读活动，不仅丰富了市民的文化生活，也极大地激发了市民的阅读兴趣。在传统实体书店的转型上，上海同样走在全国前列。2013 年，在松江泰晤士小镇上开业的第一家"最美书店"——钟书阁，形成了以图书经营为主体的新型文化综合体模式，不仅满足了图书购买的需求，也满足了公众追求商品精神附加值的需要，凸显实体书店的优势。继钟书阁之后，MUJIBOOKS、西西弗书店、大隐书局等民营书店纷纷落户上海。世纪出版集团开办数家网红地标店，包括朵云书院上海中心旗舰店和思南书局·诗歌店。上海还创设"思南读书会""望道讲读会""知本读书会"等一批常态化阅读示范项目。此外，高校书店建设回暖，华东师范大学闵行校区"知先堂"24 小时阅读空间和"召文斋"24 小时研创空间开业；中国出版集团旗下中版书房与上海交大—南加州大学文化创意产业学院（ICCI）联合建设"中版书房×ICCI 文创·书里"书店，涵盖图书千余种、文创产品百余种。上述新型书店呈现"融合"特质，兼具咖啡、影吧、文创、展览、培训等功能，"书店+"模式逐渐成为特色发展的主基调。《2023 年上海市民阅读状况调查》显示，2023 年上

---

[1] 习近平：《高举中国特色社会主义伟大旗帜　为全面建设社会主义现代化国家而团结奋斗——在中国共产党第二十次全国代表大会上的报告》，人民出版社 2022 年版，第 45 页。

海市民综合阅读率达 97.49%，人均阅读超 12 本。市民纸质阅读覆盖率和阅读时长双提升。[1]

上海持续深化全民阅读工作，将上海书展作为"书香上海"建设的重要承载。定期举办的各类阅读活动，如读书节、书展、作家讲座、阅读分享会等，已成为上海市民文化生活中的重要组成部分。2024 年 8 月 14 日至 20 日，2024 上海书展暨"书香中国"上海周在上海展览中心与读者再次相约。全国 19 家出版集团、360 余家出版社携 16 万余种精品图书参展，7 天主会场入场 29.8 万人次，为读者奉上了一场书香四溢的文化盛宴。2024 年上海书展主打"1 + 1 + X + N"办展模式。第一个"1"指主会场；第二个"1"指首次在上海商城亮相的国际艺术图书专题展销区，延续 2023 年 11 月首次举办的上海"首届国际艺术书展"，发挥自贸区文化溢出效应，展销艺术、设计类精品书籍，展示文博美术机构的文创产品；"X"是由遍布各区的特色分会场和实体书店、图书馆等组成的阅读分会场；"N"是响应对口援建帮扶合作，深化跨地区阅读交流，实施沪版精品图书、上海书展品牌走出去。[2]

在数字阅读与精品出版领域，上海紧跟时代步伐，利用数字技术打造线上图书馆、电子书城、有声读物平台等，为市民提供便捷、丰富的数字阅读资源，成为城市公共文化实践的重要部分。[3]2017 年发布的《关于加快本市文化创意产业创新发展的若干意见》，为数字出版产业的发展提供了政策保障和资金支持。同时，上海还通过设立

[1] 施晨露：《市民阅读状况调查发布 近七成市民参与过线下阅读活动 上海去年人均读书超 12 本》，《解放日报》2024 年 4 月 22 日。

[2] 宣晶：《新质生产力赋能，上海书展将奔向何方》，《文汇报》2024 年 8 月 21 日。

[3] 孙玮、褚传弘：《移动阅读：新媒体时代的城市公共文化实践》，《探索与争鸣》2019 年第 3 期。

文学创作基金、提供创作补贴、举办文学大赛等方式，扶持和鼓励本土作家进行原创作品创作，推动文学艺术的繁荣发展。在出版领域，2018 年，中共上海市委宣传部等十一部门印发《关于促进上海出版产业发展的实施办法》，在引导促进产业高质量发展、丰富产业主体优化产业载体、营造产业发展环境、搭建产业服务平台、构筑出版人才高地、推进组织管理改革等方面提出重要意见。上海注重内容质量，通过专家评审、读者推荐等方式，筛选出具有思想性、艺术性、可读性的精品图书，并进行广泛推广。同时，上海加大版权保护力度，通过国际书展、版权交易会等平台，促进上海出版物与国际市场的交流与合作，提升上海出版物的国际影响力。

（二）青年成长：促进校内外联动与大科学教育

习近平总书记在全国科技大会、国家科学技术奖励大会、两院院士大会上指出："要突出加强青年科技人才培养，对他们充分信任、放手使用、精心引导、热忱关怀，促使更多青年拔尖人才脱颖而出。"[1]上海在基础教育领域的改革与创新走在全国前列，特别是在科学教育方面，通过课程设置、教学方法和评价体系的全面革新，着力培养学生的创新精神和实践能力。随着"双减"政策的深入实施，学生们从繁重的课业负担中解脱出来，拥有了更多自我成长的时间，也为地方向学生课外教育资源的供给提供了广阔的空间。[2]上海在此基础上，全面实施"5 + 2"课后服务模式，不仅覆盖了小学生，还延伸至所有愿意参加课后服务的义务教育学生，实现"愿留尽留"的全覆

---

[1] 习近平：《在全国科技大会、国家科学技术奖励大会、两院院士大会上的讲话》，载中国政府网，2024 年 6 月 24 日。

[2] 杨清溪、邬志辉：《义务教育学校课后服务落地难的堵点及其疏通对策》，《教育发展研究》2021 年第 2 期。

盖。这一举措不仅丰富了学生的课后生活，还有效促进了学生全面发展。据统计，目前上海义务教育阶段学校普遍建立了作业管理办法和作业公示制度，96% 的教师积极参与课后服务，同时有 1 万多名校外专业人员进校提供科普、体育、文化等多样化的活动，为学生提供丰富的学习体验。[1] 在校外教育资源的开发与利用方面，上海同样进行前瞻布局，通过整合科技馆、博物馆、科研院所、企业等资源，为学生提供丰富的科学实践活动和研学旅行机会。《上海市中小学校外实践教育促进规定》的出台，更是为全国校外实践教育提供了"上海方案"。该规定明确了政府部门、学校、社会等各方面的职责，为校外实践教育的高质量发展提供了法治保障。上海科技馆与上海天文馆等综合性科技博物馆，更是成为青少年科学教育的重要阵地，通过馆校合作，提供上百门场馆课程，助力科学教育的深化与拓展。

在校内外教育联动机制的构建上，上海通过校企合作、校馆合作、学社联动等多种形式，促进了教育资源的共享与互补，开拓了社会大课堂的新模式。上海努力创建"市—区—校"协同，"家—校—社"联动的中小学"大科学教育"工作格局，系统推进本市浦东、徐汇、普陀、虹口、宝山等 5 个全国中小学科学教育实验区和上海中学、华二附初、洪庙小学等 39 所全国中小学科学教育实验校的建设工作，鼓励支持实验区、实验校在课程资源开发等关键领域积极探索，加快找出行之有效且可复制的途径。同时，上海以复旦大学、华东师范大学、上海大学、上海师范大学等教育集团为试点，探索构建大中小学纵向贯通、校内校外横向联动的科学教育新范式。浦东新区

---

[1]《上海：校内校外齐发力 "一减一加"打开育人新空间》，载人民网，2024 年 7 月 8 日。

在全国率先创立"中小学科创教育评估指数"，用于综合评价区内学校的科学教育工作，引领中小学科学教育。指标分为基础性、个性化两类，建立了8项一级指标，从普众参与、活动丰富、实践探究等维度进行探索实施科学教育的浦东模式。科创教育指数迄今实施四轮，共计上千校次参与。"科创教育指数"引领浦东中小学科学教育，对学校顶层设计、师资培养、实践探究和课程转型等方面的内涵促进，起到积极作用。徐汇区则构建了"STEM＋"课程体系，实现了全学段覆盖，有效提升了学生的科学素养。

大科学教育的理念在上海得到广泛普及。通过政策引导、教师培训等方式，上海不断提升教师的科学素养和教学能力，确保科学教育的质量。在科学课程的拓展与深化方面，上海注重将前沿科技、科学研究方法、科学伦理等内容融入课程体系，培养学生的科学素养和科研能力。同时，各类科学实践活动的丰富与创新，如科学竞赛、科研项目、科普讲座等，进一步激发了学生的科学兴趣和探究欲望。例如，上海市教育委员会《上海市义务教育质量绿色指标评价实施方案（2024年修订版）》强化了科技和创新素质的测评，为中小学科学教育提供了更加科学的评价依据。此外，上海还积极鼓励青年科技人才参与科技创新成果的转化和应用，通过建立创新创业孵化平台、提供资金支持等措施，促进科技成果的产业化。上海在青年科技人才的培养与激励方面也作出积极探索。通过实施青年科技启明星计划、青年科学家论坛等培养计划，为青年科技人才提供广阔的成长平台。同时，完善科技人才激励与评价机制，如设立科技奖励、完善职称评审体系等，激发青年科技人才的创新活力和工作热情。这些举措不仅促进青年科技人才的快速成长，还为上海科技创新事业的持续发展奠定坚实基础。

（三）银发关怀：保障长者终身学习与乐享生活

习近平总书记在全国教育大会上强调："要坚持以人民为中心，不断提升教育公共服务的普惠性、可及性、便捷性……扩大优质教育资源受益面，提升终身学习公共服务水平。"[1] 终身教育是国家推进学习型社会、学习型大国建设的重要手段，是服务人民群众终身学习的重要平台，承担着促进人的全面发展的重要责任。[2] 在终身学习的生态构造方面，上海市政府高度重视长者终身学习，出台一系列政策措施，为长者学习提供坚实保障。如提供免费或优惠的教育资源、设立长者教育专项资金，以及建立学分银行、学习成果认证等制度，激励长者持续学习。同时，上海积极整合高校、职业院校、社区学校及在线平台等多方教育资源，为长者提供了涵盖文化、艺术、科技、健康等多个领域的丰富课程。特别是围绕"15分钟社区生活圈"建设，上海织密了社区教育办学网络，新增一批基层学习场所，优化了学习环境。数据显示，上海终身教育学分银行已累计为520万市民建立了个人学习账户，存储学习成果超1亿条，这一庞大的学习数据库见证了上海终身教育体系的完善与成效。[3] 在教育资源的开发与整合上，上海不仅注重量的扩张，更追求质的提升。根据上海市教育委员会发布的《2024年上海市教育委员会终身教育工作要点》，上海通过举办"社区学习坊"、优化"市民大讲堂""社区健康大学堂"等项目，以及

---

[1] 《习近平在全国教育大会上强调 紧紧围绕立德树人根本任务 朝着建成教育强国战略目标扎实迈进》，《人民日报》2024年9月11日。

[2] 史秋衡、张妍：《中国终身学习话语体系的嬗变与重构》，《教育研究》2021年第9期。

[3] 任朝霞：《上海：520万市民建立学分银行账户，学习积分激励不断更新》，《中国教育报》2024年6月28日。

推进老年大学倍增计划，不断扩大老年教育供给，满足长者多样化的学习需求。2024年，上海新增3所区级老年大学与5所高校老年大学，并鼓励社会力量参与，激发老年教育办学活力，展现上海在老年教育领域的深厚底蕴与前瞻布局。

在学习模式创新方面，上海在线上线下融合教学、同伴互助学习、项目式学习等新型学习方式中不断发力，极大地提高了学习的趣味性和有效性。[1]为更好地服务市民终身学习，上海终身教育学分银行引入喜马拉雅、东方有线、上海银行等第三方合作机构，并联合全市各分部、市老年大学、人文行走和体验基地办公室，统筹教育领域各类优质资源，努力为市民提供丰富多彩的兑换奖品。此外，市民还可以享受各类体验课、平台学习券和讲座展览门票等兑换权益，从而推动终身学习行为的再发生，真正践行学有所用。这种创新的学习激励机制，不仅让长者在学习中找到了乐趣，也促进了学习成果的转化与应用，真正实现了学有所用。同时，上海还注重跨文化交流与体验，通过组织国际老年人文化交流节、邀请外国老年人来沪交流等活动，拓宽了长者国际视野，增进不同文化之间的理解和尊重。这种开放包容的学习氛围，让上海的长者终身学习体系更加多元生动。

在长者精神文化生活提升方面，上海还致力于通过组织各类文化活动，如书画展、音乐会、戏剧表演等，以及成立园艺、摄影、手工艺等兴趣小组，为长者提供展示自我、交流情感的平台。特别是上海市第九届九九重阳节"长者风范　天伦之乐"系列活动，展现了上海老年教育的丰硕成果和新时代老年人的活力风采。在社区层面，上海

---

[1] 温书宇、李冰、穆星妍：《助力新时代的积极老龄化：新型老年大学建设标准的探索与研究》，《中国远程教育》2022年第9期。

加强文化设施建设，如图书馆、文化活动中心、老年大学等，并优化其服务功能，为长者提供便捷的学习和活动场所。2024年上海老年数字教育进社区行动就是一个典型例证，该行动通过精准对接老年群体的数字化学习需求，帮助老年人融入数字生活，共享数字化发展成果。自2022年以来，这一行动已覆盖全市6000多个村居，带动224万人次老年人搭乘数字时代的快车。[1]同时，上海还注重提升长者的生活品质与关怀。通过提供全面的健康管理服务、应用智慧养老技术、构建社会支持网络等措施，上海为长者打造了安全、便捷、舒适的生活环境。特别是在智慧养老方面，上海利用物联网、大数据、人工智能等技术，为长者提供智能化、个性化的养老服务，提高了生活的便利性。

案例专栏:
"海上第一名园"的前世今生

张园，这座承载着深厚历史底蕴的"海上第一名园"，在新时代的浪潮中焕发出了新的生机与活力。历经四年的精心修缮与保护性改造，张园西区于2022年11月以焕然一新的面貌亮相，不仅成功保留了历史建筑的"修旧如故"风貌，更通过文商旅的深度融合，成为上海乃至全国具有广泛影响力的文化商业地标，为南京西路"千亿商圈"的打造和静安国际消费中心城市示范区建设贡献了重要力量。这一成就，正是对习近平总书记关于城市工作"以人为本、优化布局、

---

[1]《老年数字教育进社区，引领老年人走进数字世界，上海终身学习地图发布》，载上观新闻，2024年10月10日。

生态文明、传承文化"四条基本原则[1]的生动实践。

张园的城市更新不仅仅停留在物理空间的升级，更在于其对海派文化的深度挖掘与传承。依托百年历史积淀，张园充分挖掘海派文化特质，通过建立上海石库门博物馆、城市文创产业生态平台产学研基地等，形成了"文化专家智库＋文化开发者联盟"的合作机制，以及"创投建营一体＋文商娱媒融合"的传承体系，将张园打造成为新时代海派文化的全球交流中心。同时，运用三维激光扫描等现代科技手段，完成历史建筑的数字建模，为上海其他历史风貌区的保护工作提供可借鉴的范例，加速全市优秀历史建筑管理的数字化转型进程。

在文商旅联动方面，张园紧密围绕《上海市建设习近平文化思想最佳实践地行动方案》和"上海文化"品牌新一轮行动计划，通过引导入驻品牌、展示活动与张园建筑文化、历史元素的有机结合，打造出了高品质的商业文化业态布局。街区空间的公共属性被充分发挥，与周边商圈形成联动效应，进一步提升了市民游客的消费体验，使张园成为集历史文化、沉浸体验于一体的城市更新商业文化地标，展现了文化为魂的城市更新示范效应。张园还着眼于未来，注重改革创新产业链，通过优化创新创业生态链，释放城市发展新动能。以"东静西闹、沉浸无界"为核心框架，张园西区持续引入优质品牌与沉浸式文化体验项目，而正在建设中的东区则将在保护历史建筑的前提下，打造地下空间，实现业态联动与功能互补，进一步丰富南京西路商圈的业态布局。2024 年 11 月，"静安会客厅"在张园展厅的揭幕，更是张园文化赋能商业、以城市文化驱动美好生活理念的生动展现。展会

---

[1]《新时代做好城市工作的科学指南——学习〈习近平关于城市工作论述摘编〉》，《人民日报》2023 年 5 月 27 日。

期间，来自不同行业、不同语言的人们在这里相互交流、畅谈合作，共同感受"静安会客厅"带来的开放、包容和创新的海派会客之道，为张园乃至上海的城市更新项目注入了新的活力与灵感。

案例来源：《解放日报》2024 年 7 月 10 日

第四章

倡导绿色生活：营造高品质生活氛围

城市属于人民、城市发展为了人民、城市治理依靠人民，这是新时代中国谋划城市发展和开展城市管理的立场、观点与方法。"人民幸福安康是推动高质量发展的最终目的"[1]，全面建设绿色上海就必须以人民城市理念为价值遵循，始终将优美生态环境、适宜人居环境在内的美好生活需要作为出发点和落脚点，坚持人民主体地位，充分体现人民意志、保障人民权益、激发人民创造活力，依靠人民群众智慧、力量和自觉行为，打造人与自然和谐共生的社会主义现代化国际大都市。近年来，上海立足超大城市发展规律与特点，以新思想引领高质量发展，积极探索协同推进经济高质量发展与环境高水平保护的有效路径，加快倡导绿色生活理念与行动方式，在推进中国式现代化过程中充分发挥示范引领作用，为推进绿色高质量发展、营造高品质生活氛围提供上海经验和智慧。

一、推广绿色出行的健康交通方式

城市绿色交通是一个多层次复杂系统，涵盖轨道交通、公共汽车运输、共享单车以及慢行步道等多个方面。当前的城市交通建设根据交通类型和人民需求合理分配出行种类，兼具实用性、便捷性、经济

---

[1]《以高质量发展实际行动为新征程开好局起好步——习近平总书记在参加江苏代表团审议时的重要讲话引起热烈反响》，新华社 2023 年 3 月 5 日电。

性和可持续性等多重特性，对于促进当前城市建成低碳节能的环境、推广绿色出行的健康交通方式具有极其重要的意义。[1] 上海现有城市绿色交通系统的布局决定了不同地理区位的绿色交通承载能力。

（一）低碳出行：构建绿色低碳交通运输体系

任何一个大城市、特大城市的综合交通体系都是一个复杂的系统工程，尤其到了新发展阶段的超大城市上海更是如此。上海市"十四五"规划明确要求要形成"中心辐射、两翼齐飞、新城发力、南北转型"的新发展格局，聚焦发挥综合交通的辐射带动作用，强化综合交通体系在其中起到的重要作用，构建由铁路、城市轨道、常规公交等多种方式构成的公共交通系统，形成市域线、市区线、局域线等多层次的轨道交通网络。上海按照"规划"要求，通过智能交通技术打造功能完善的对外交通系统，构建层次清晰的城市客运交通服务体系，强化以公交为主导的低碳交通出行结构，为上海人民的高品质生活创造条件。

首先，上海打造功能完善的对外交通系统，完善交通枢纽功能体系。一是构建国际（含国家级）、城市级和地区级三级枢纽体系，建立"开放型、网络化"对外交通格局。[2] 东部以浦东国际机场、洋山深水港为主体，突出国际枢纽功能；西部以虹桥综合交通客运枢纽和西北、西南2个货运主枢纽为主体，突出国家枢纽功能。同时，优化完善上海站、上海南站等城市级和上海西站、松江南站、安亭站等地区级枢纽布局，结合区域铁路系统及城市公共交通系统，强化上海北部和南部交通枢纽功能。二是增强区域城际铁路对外联系，加强区域

---

[1] 王月涛、田昭源、薛滨夏等：《城市建成环境绿色交通系统优化方法研究综述》，《上海城市规划》2023 年第 6 期。

[2] 参见上海市人民政府：《上海市交通发展白皮书（2022 年版）》，2022 年 10 月 4 日。

城际铁路通道的构建。比如沿江沿海方向，加强与南沿江城际铁路的对接，规划预留向北联系南通等沿江城市的北沿江城际铁路通道、向南联系宁波及浙东南地区的沪甬城际铁路通道。三是优化高速公路等骨干道路网络，完善长江口、杭州湾的沿江沿海和跨江跨海通道布局，预留与崇明三岛、大小洋山的新增通道，增强骨干道路与主要交通枢纽的联系，加强沿沪跨界地区交通干线的衔接，形成上海与近沪地区一体化发展的道路网络格局。功能完善的对外交通系统一方面能够显著提升市民和游客的出行效率，提供多样化的交通方式选择，缩短城市与城市之间的旅行时间，使上海与国内外其他城市的联系更加紧密。另一方面对外交通的建设能够吸引更多的国内外投资，创造更多就业机会，进一步加强与周边地区的联系和互动，提高居民的就业率和收入水平，促进区域经济的协同发展。

其次，上海在构建绿色低碳交通运输体系的过程中，高度重视市域客运交通系统骨架的建设，致力于提供便捷高效的公共交通服务。上海秉承"一张网、多模式、广覆盖、高集约"的规划理念，构建了一个由区域城际铁路、轨道快线、城市轨道及中低运量轨道等多种交通方式组成的轨道交通网络体系，以促进绿色低碳出行。[1] 为充分发挥铁路在城市客运中的关键作用，上海利用现有铁路支线开通市郊客车服务，推动桃浦站、北郊站等原货运场站的功能转型，并优化高速公路通道、立交枢纽与城镇的空间布局，旨在建立 1 小时交通圈，形成既注重效率又强调运能的客运交通走廊。同时，上海适度加密中心城北部地区、东部地区的轨道交通网络，在中环附近预留构建城市轨道环线的可能性，增强沿黄浦江等主要客运走廊的骨干公交服务功

---

[1] 高阳、马壮林、刘杰：《"双碳"目标下国家中心城市绿色交通水平评价方法》，《交通运输研究》2022 年第 3 期。

能。在中心城区周边地区，构建关键交通枢纽、公共活动中心以及重点发展区域之间的快速轨道交通网络，以完善虹桥枢纽的交通疏散通道。基于现有的"三环十射一横十字"快速路系统布局，构建城乡一体化的国省干线公路和城区道路体系，优化南北向进出中心城区的切向通道布局。同时，针对重点更新区域，上海对路网结构进行优化，并全面构建地面公交专用道系统，发展多元化的辅助公交服务，旨在减少市民的平均通勤时间，优化市民的出行体验，进一步推动绿色低碳生活方式的发展。

最后，上海加快完善公交导向的低碳交通模式，推动公共交通出行方式多样化。基于现有的干线公路网络和市域轨道交通体系，上海正致力于构建轨道快线和市郊铁路系统，积极推进公交骨干线路的发展。主城区以优化完善客运交通为重点，形成了以大容量轨道交通为骨架、常规公交为基础、多种方式为补充的公共交通结构，结合优化路权分配确保公交优先，提高公交出行和绿色交通出行比重。[1]同时，倡导公交导向的低碳发展模式，加强轨道交通沿线新建和更新项目的控制和引导，围绕轨道交通枢纽、站点及车辆基地，加强土地的集约、综合和立体开发，促进主城区空间立体优化，减少居民出行距离。未来，上海公共交通将更加注重线路优化，加快形成由骨干线、支线（区域线）、接驳线及多样化线路组成的多层次线网，加速构建绿色低碳交通运行方式，为实现高品质绿色生活添砖加瓦。

习近平总书记指出，"每一条新的交通线路都承载人民幸福梦想"[2]。一个高效便捷的交通运输系统骨架不仅关乎着现代社会的每

---

[1]　上海市城市总体规划编制工作领导小组办公室：《上海市城市总体规划（2015—2040）纲要概要》，载中国政府网，2016年1月12日。

[2]　《新思想引领新征程｜我国交通强国建设迈出新步伐》，载人民网，2024年12月27日。

一个人的日常生活，更是城市竞争力的重要组成部分。上海通过打造现代化的交通系统，在多样化交通方式、高效交通管理、广泛交通网络覆盖、人性化交通设施、绿色交通理念以及持续优化的交通环境等方面都为市民和游客提供了极大的便利。这不仅提升了市民的生活质量，还提升了上海的城市形象和综合竞争力，有助于吸引更多的国内外投资、人才和资源流入，为人民的品质生活和城市的可持续发展奠定坚实基础。

（二）绿色慢行：推动慢行网络的系统化完善

在高速运转的都市环境中寻求宁静之所，一直是城市居民所追求的目标。为响应此需求，上海将慢行交通系统的构建与城市更新紧密融合，提升城市慢行交通系统的品质，为市民提供更加舒适愉悦的绿色出行体验。具体而言，上海致力于推行网络完善类项目，让城市慢行体验更为通畅；完善空间融合类项目，使得市政道路与其他空间转换更加紧密便捷；执行设施提升类项目，让城市慢行设施更加安全友好。[1]

在网络完善类项目上，提升慢行网络的连续性和功能性。具体来说，依托城市道路建立步行、自行车专用通道为主的慢行网络，上海做到慢行设施总量只增不减。在步行范围内统筹公共服务设施，鼓励结合公交枢纽及站点设置公共活动中心，控制非通勤平均出行距离在2.5 公里以内，围绕轨道交通站点做好"最后一公里"慢行接驳通道，结合市域生态廊道构建绿道网络，串联公园、公共活动中心等休闲游憩空间。截至 2023 年，上海全市 220 个慢行交通体验提升项目已全部完成，打通 34 处慢行断点，新建 18 座跨阻隔桥梁或地道，共计新

---

[1] 张元龄、陈宇琳、姜洋：《社区生活圈低碳出行环境评价与规划启示——以北京、上海、深圳、海口 4 个城市为例》，《上海城市规划》2024 年第 4 期。

增约 29 公里人行道和约 28 公里非机动车道。[1] 慢行网络的建设关注大型居住小区、学校、办公等人流密集区的需求，通过打通一批慢行网络断点，解决了市民走不通、绕行远的问题，同时还注重将慢行网络与城市绿化景观相结合，给上海市居民提供绿色出行环境。

在空间融合类项目上，营造友好的慢行交通环境。针对次级干道与支路的规划与设计，上海始终遵循以慢行交通为主导的路权分配原则，通过实施隔离、保护及引导策略，确保慢行交通的安全性。针对居住社区、商业区、交通枢纽等关键区域，上海致力于加强公共设施慢行通道的互联互通，并在城镇范围内构建专用的非机动车道路系统。同时，上海积极提升公共开放空间及公共服务设施的无障碍设施配置标准，在居住社区、商业街区等慢行优先区推广稳静化交通措施，形成低速低噪的交通环境。总体来说，上海新增立体慢行设施 12 处，慢行与蓝绿、街道、桥下空间融合整治 72 处，共涉及约 20 万平方米融合空间，其中立体慢行设施面积约 5 万平方米。[2] 慢行网络系统作为城市基础设施的重要组成部分，有助于推动城市交通的多元化发展，形成多种交通方式相互补充、协调发展的格局，提升城市的形象与吸引力，助力人们高品质生活的实现。

在设施提升类项目上，推动慢行设施更加安全友好。上海积极改善步行和自行车出行的条件，强化其与公共交通的无缝对接，如更新人行道约 34 万平方米，增设完善盲道约 82 公里，人行道缓坡改造约 450 个，更新非机动车道约 15 万平方米，完善慢行指引约 300 个等。杨浦区江浦路（长阳路至平凉路路段）还试点机非分隔端部警示

---

[1] 戚颖璞：《打通断点，慢行出行更畅通舒适》，《解放日报》2023 年 12 月 6 日。

[2] 潘文：《宜行宜骑、无障碍设计，上海今年创建 14 个慢行示范区！220 个慢行交通体验提升项目完成》，载周到上海，2023 年 12 月 6 日。

标志、港湾式车站彩色铺装、非机动车道分车道布设等方式，让慢行交通出行更加安全与规范。与此同时，上海积极构建交通应用交互平台，依托物联网、大数据等新兴技术手段，协同政府、社会、市场力量发展交互应用平台，提升停车、加油（气）站、公交站、充电桩等市政交通设施的智能化运行水平，加强交通与公共服务资源的共享利用，进一步推动慢行网络的系统化完善。市民们可以在慢行网络上散步、骑行，享受城市的自然风光和人文景观，感受城市的发展与便捷。慢行网络建设不仅为市民提供了便捷的出行方式，培养了健康的生活习惯，还创造了市民休闲娱乐的好去处，有助于提升市民的生活品质，增强城市的宜居性。

（三）公共空间：城市出行环境的绿色化升级

上海在推广绿色出行的健康出行方式的同时，除了构建公共交通运输体系和完善城市慢行网络外，还集中力量建设绿色便利的出行环境与公共空间。同时，公共空间的改造升级也是突出人民主体地位的举措之一。一方面，开展公共空间的精细化设计与绿色化升级。上海积极美化城市"第五立面"，在公共活动密集地区增强景观的层次度、细腻度与品质感，加强屋顶、平台等空间的绿化建设和公共开放利用。优化沿街建筑界面设计和种植搭配，加强街道家具和标识等的艺术设计，提升雕塑等公共艺术作品的数量和质量。加强公共空间无障碍设计，丰富街道巷弄系统，提高公共通道的密度。通过构建公共活动网络，实现公共空间、公共设施与文化遗产的有机整合，促进公共空间与商业、文化、体育等多功能区域的有效联动。比如西岸传媒港慢行示范区作为徐汇慢行交通系统建设的重要亮点，通过空中连廊的建设，构建了一个集通勤、人行过街、休闲和景观功能为一体的立体慢行系统，塑造了一个蓝绿融合特色、人文交互的公共活动空间，让居民们在享受便捷出行的同时，也能感受到自然与人文的和谐共生。[1]

另一方面，完善公共空间的服务功能与生态融合。在公共活动网络沿线设置标识指引和安全保护设施，加强公共空间无障碍设计，结合公共空间设置游憩、接待咨询、环境卫生和交通衔接设施，打造人性化、智慧化、特色化的休闲服务体系，提升城市文化休闲服务水平。同时，街道与社区公园作为周边区域及社区居民进行社交互动、休闲娱乐活动的重要场所，其主要职能在于提供必要的娱乐设施。通过整合滨水绿化带、街头广场以及公共设施的架空层等多种元素，可以实现其布局的多样化，并强调其步行的便捷性。在社区内部，建设足球场、篮球场等各类体育运动场地以及休闲健身设施，同时鼓励学校运动场地实行错峰开放政策，以促进资源共享。此外，增加小尺度、人性化设计、适宜慢行交通的广场和公园的数量与密度，为居民创造更多交流与活动的公共空间。当然，便民的公共空间建设不仅需要完善的功能设施，还需要融入人文关怀。在徐汇西岸自然艺术公园内，"森虫秘境"和"树篱学堂"就展示了儿童友好型设计与生物多样性保护的创新实践。作为儿童友好型公园示范样板，这片30公顷绿地不仅为市民提供了放松空间，更是适合各年龄层的"自然学堂"。[2]森虫秘境通过昆虫观察和自然互动区域，为孩子们营造了一个自然学习的乐园。这不仅推动了城市公共空间的功能升级，更是城市出行环境的绿色化发展和人文生态有机融合的产物。

---

［1］ 徐汇区人民政府：《让绿色出行成为一种享受，一起去看看徐汇那些"慢行示范区"》，载上海市人民政府网站，2024年10月9日。

［2］ 上海市生态环境局：《推窗见美景，上海打造生态之城》，载上海市生态环境局网站，2024年11月12日。

二、打造绿色城市的品质生活样板

良好的人居环境是宜居城市建设的重要内容，更是居民绿色生活方式的直接体现，为营造高品质生活氛围注入活力。人居环境治理主要指构筑尊崇自然、低碳生活的价值导向，在此基础上打造宜居、韧性、智慧城市，建设美好生活和精神家园，为经济社会高质量发展提供坚实的支撑，更好推进以人为核心的中国式现代化。近年来，上海将绿色品质生活作为人民城市建设重中之重，多措并举打造绿色城市的品质生活样板。[1]

（一）公园城市：建设生态宜居的公园城市丛

"突出公园城市特点，把生态价值考虑进去"，2018年2月，习近平总书记在成都考察时首次提出"公园城市"理念。公园城市建设不仅是践行人民城市理念的重要举措，还是落实生态文明建设和绿色发展理念的创新实践，更是新时代解决城市经济社会发展动力的必然选择。[2]立足高密度人居环境特征，上海通过《上海市公园城市规划建设导则》等政策文件，以"千园工程"和"环城生态公园带"建设为抓手逐步提升生态环境品质，提出公园城市建设的总体目标与具体任务，为公园城市建设提供相应的政策支撑与保障。截至2023年底，上海已有32座环上公园建成开放，并计划至2025年底，建成50座环上公园、约105公里外环绿道、37座以上绿道驿站，力争打通70处以上绿道断点，为市民提供更多"自然、生态、野趣、静谧"的

［1］ 刘诚：《上海加快推进绿色生活方式的改革探索》，《中国经济时报》2023年12月18日。

［2］ 赵建军、赵若玺、李晓凤：《公园城市的理念解读与实践创新》，《中国人民大学学报》2019年第5期。

生态环境空间。公园城市发展的逻辑不仅仅是"城中建园"，在城市建设中展现城市生态性，更强调的是"园中建城"，在城市生态底板基础上规划发展产业等，实现城市公共空间、生态空间与城市功能融合，体现绿水青山的生态价值、诗意栖居的美学价值、以文化人的人文价值、绿色低碳的经济价值、简约健康的生活价值以及美好生活的社会价值。[1]具体而言，上海在现有绿化设施的基础上为建设公园城市作出了以下努力：

一方面是扩大外延，将公园绿地等生态资源融入整个城区，激活所有生态资源，使其成为城区的柔化剂。一是打开传统的公园围墙，与城市街面无界融合。如长宁区的中山公园万航渡路融合开放品质提升工程释放出更多的公共空间，把最好的资源都展现给人民。二是推动公园24小时开放，进一步完善公共绿地功能属性，消除夜间开放的安全隐患。三是增加建筑立面的绿化面积。无论是公共建筑还是居民住宅区，均充分利用可绿化空间，避免任何可绿化区域的荒废。四是加强引导，加快推进社会单位附属绿地和居民区的绿化一齐开发共享。五是打造500米绿化服务半径，将所有的绿化资源如绿道、步道、林荫道等与公园绿地串联起来，形成一个贯通的绿化大空间，打造广义上的城市大公园。[2]公园外延的扩大不仅拓展了上海市民的物理活动范围，更开阔了上海市民们的精神世界和生活方式，为市民的绿色品质生活奠定了基础。

另一方面是强化内涵，真正将优质的资源转化为惠及人民的福祉。城市与公园如何融为一体是公园城市建设的重要问题。《上海市公园城市实施意见》中提出以"公园＋"推动全面功能融合，通过功

---

[1] 杨潇：《公园城市：城市建设的新模式》，《城市规划》2019年第3期。
[2] 李媛媛：《打造公园城市，长宁这样做》，《新民晚报》2024年10月4日。

能的互补、联动、复合整体提升城市品质。首先，通过拓展公园的功能性，使其成为"15分钟社区美好生活圈"中至关重要的休闲场所。以公园作为承载平台，融入文化、体育、艺术、戏曲、健身等多元元素，不仅丰富了公园的文化内涵，亦使公园转变为市民享受文化生活的核心平台。[1] 其次，打造全龄段的公共活动空间，使公园不再仅仅是老年人的专属场所。公园的功能和品质的提升，吸引了更多周边的年轻白领前来减压、休憩和调整状态，切实发挥"公园20分钟"效应，让公园成为每个人心中的理想去处。最后，上海打造文化宣传阵地，以绿化空间为载体，融入"生态、运动、休闲、科普"等理念，布局步道等市民休闲健身与运动场地，举办生态旅游休闲活动，推进生态与文化、生活、旅游等有机融合，使其成为精神文明建设的主阵地。

（二）绿色风尚：推行垃圾分类体系化便利化

上海作为一座国际大都市，始终面临着"垃圾围城"的严峻挑战。早在20世纪90年代中期，上海就积极开始探索垃圾分类工作。上海自2011年开始正式推进垃圾分类减量工作，市绿化市容局、市妇联、市文明办等19个委办局及各区政府联合实施"百万家庭低碳行，垃圾分类要先行"市政府实事项目，全市17个区县的100个小区率先启动生活垃圾分类试点工作。推进工作主要通过大分流小分类实现垃圾的减量，其中大分流就是把日常生活当中产生的垃圾，如装修垃圾、枯枝落叶、菜场垃圾、工业垃圾等分流出来，形成专门的疏运体系，大部分实现了资源化利用；小分类则要靠增强居民的环保意识，

---

[1]《上海让生态融入生活，绘出"家门口"的绿色画卷》，《新闻晨报》2024年10月27日。

推进实施深入垃圾分类。[1]自 2019 年《上海市生活垃圾管理条例》施行以来，上海生活垃圾分类工作取得了明显成效：市民自觉履行分类义务比例已达 97%，居住区分类达标率从《条例》实施初期的 15% 提高到 95%。[2]可见上海的垃圾分类制度从制度化的刚性执行，逐渐转化为市民们发自内心遵守的生活规则，从而形成一种独属于上海人民的绿色风尚。

上海依据"邀百姓参与，给百姓实惠"的办事理念，大规模推广垃圾分类上海模式——"绿色账户"。"绿色账户"是以激励市民主动准确参与日常生活垃圾分类、提高分类减量实效为目标的正向激励机制。绿色账户遵循"分类可积分、积分可兑换、兑换可获益"的思路，以便捷性与操作性、总量控制和多元激励相结合的原则，按照前台操作、平台对接、后台支撑的框架进行运作，是建立符合上海特点的生活垃圾分类减量"上海模式"的重要载体。因绿色账户具有可拓展性，上海目前逐步将其设为记录上海市民环保行为的专属绿色诚信档案。[3]2014 年以来，上海绿色账户的广泛拓展有效促进和增强了居民的源头分类意识，帮助市民养成了定时定点分类投放的习惯。可见，上海垃圾分类政策的实施不仅是一项环保举措，更是提升市民生活质量、推动城市可持续发展的重要途径。如今，新时代的垃圾分类制度要向着持续巩固实效、全力打造便利化特色亮点、优化全程分类体系建设、促进资源利用和源头减量等具体的目标迈进。总体来说，

---

[1]　杜欢政、聂雨晴、陆莎：《人民城市理念下的环境治理研究——以上海市生活垃圾分类治理为例》，《井冈山大学学报（社会科学版）》2024 年第 5 期。

[2]　陈玺撼：《实施五年　97% 市民自觉践行"新时尚"　垃圾分类"三增一减"效果显著　最新"成绩单"反映出市民的认同》，《解放日报》2024 年 7 月 1 日。

[3]　陈文洲、高明：《基于"绿色账户"激励的回收居民再生资源合作演化》，《中国人口·资源与环境》2023 年第 12 期。

上海围绕推进垃圾分类体系化便利化，主要形成了以下经验：

第一，固长板补弱项，塑造常态长效机制新优势。上海充分发挥居民区、村党组织领导下的生活垃圾分类多方参与机制作用，加大行业支撑赋能基层治理工作力度。重点针对住宅小区物业服务企业持续开展生活垃圾分类履职情况监督检查，健全生活垃圾网格化管理过程中对违规事件的发现处置机制。深入开展宣传教育引导，制定生活垃圾分类年度宣传工作方案，组织开展各类主题宣传活动，更好发挥生活垃圾分类志愿者作用，实现全市居住小区（村）投放点志愿服务项目全覆盖。另外，持续加强对餐饮服务提供者主动向消费者提供限制使用的一次性餐具以及旅馆经营单位主动向消费者提供客房一次性日用品行为的执法力度。

第二，拓精品树亮点，凸显精细化管理新成效。上海持续推进精品小区（村）建设，提高精品小区（村）的显示度和示范性，推动全市 660 个居住小区（村民聚居区）达到精品小区Ⅰ类要求。[1] 打造高标准精细化分类样板，推动各区形成各具特色的示范样板，在 36 个重要公共场所以及有条件的高校打造生活垃圾精细化分类样板区域，比如在静安、徐汇等辖区内的商贸区、工业园区及部分沿街商铺开展专项品类资源回收利用试点，提高可回收物精细化分类和资源化利用水平。另外，加大农村生活垃圾治理力度，推进农村聚居点投放点和垃圾房改造提升，完善农村分类投放和上门收集管理制度。发展农村可回收物回收服务体系，提升农村区域生活垃圾清运和保洁专业化、标准化、机械化水平，全面取缔少量存在的露天型生活垃圾存放池，杜绝生活垃圾与其他垃圾混杂堆放的现象。

---

[1] 参见上海市绿化和市容管理局：《关于印发〈2024 年上海市生活垃圾分类精品小区（村）建设、可回收物回收体系改造提升工作安排〉的通知》，2024 年 4 月 15 日。

第三，重管理强规范，推行实用管用监管新举措。一方面，强化生态环境问题整治，加强对小压站、转运站、生活垃圾填埋场、末端处置设施和清运作业等环境污染隐患、环保管控措施落实等排查，持续开展生活垃圾非正规堆点整治。推动各区开展收运规范化作业培训和考核，落实重点点位"一点一策"，推动全市243座环卫权属小压站提标升级和生活垃圾转运站综合改造。[1]另一方面，赋能智慧收运品质管理，全力打造生活垃圾分类"一网统管"平台，打造20条收运作业到站智慧提醒示范线路，推动实现湿垃圾品质智能监控全覆盖。通过简化"不分类不收运"流程，探索"不分类不收运"小程序纳入区、街镇"一网统管"平台路径等措施，提升末端处置监管效能，持续优化完善末端处置监管模式。

第四，高标准高水平，实现资源化利用新突破。优化完善可回收物回收体系，修订《上海市可回收物回收体系建设和运营管理导则（2024版）》；持续支持符合条件的中转站、集散场及其运营主体纳入本市资源循环利用企业发展名单，巩固"点站场"布局；持续推进可回收物跨省转移利用备案工作，督促涉及跨省转移的主体企业办理备案。提高可回收物回收服务能级，推进可回收物回收信息化建设，推动300个以上可回收物惠民回收服务点和39座示范型中转站建设，实现"惠民回收"服务全覆盖。[2]同时，提升主体企业服务质量，引导各区定期清退服务不佳、管理不善、效能不足的主体企业，促进生活垃圾深度资源化利用，积极探索资源化利用制度、政策、技术等，

---

[1] 参见上海市绿化和市容管理局：《关于印发〈上海市2024年生活垃圾分类工作实施方案〉的通知》，2024年4月15日。

[2] 参见中国再生资源回收利用协会：《共享绿色世界 两网融合与垃圾治理探索》，人民邮电出版社2018年版。

完善循环利用体系。

第五，出实招见实效，激发源头减量新活力。积极促进餐厨垃圾源头减量，深入开展"光盘行动"，继续做好"上海市文明餐厅"推选活动，培育文明餐饮新风尚。加大对菜市场垃圾分类、净菜上市和"减塑"等工作的宣传力度，实施机关食堂反食品浪费工作成效评估和通报制度。推动学校餐厨垃圾源头减量，打造节约型智慧学校食堂。深化包装物减量治理，进一步加大对电子商务企业的检查督导。推动快递包装全链条治理，实现电商快件不再二次包装率和快递包装回收设施覆盖率均超过98%，持续强化商品过度包装监管，过度包装监督抽查总批次不少于1300批次。支持培育二手商品多元交易渠道，同时结合文明城区、文明社区（小区）、文明村镇创建，将垃圾分类工作开展情况作为重要内容纳入测评体系。

上海垃圾分类政策的推行，直接促进了城市环境的改善。通过有效减少垃圾填埋和焚烧带来的环境污染，以及降低有害垃圾对人类健康的潜在威胁，市民能够生活在更加清洁、健康的环境中。同时，垃圾分类还极大地提升了资源的利用效率，将可回收物从垃圾中分离出来，为资源的再利用提供了可能，推动了循环经济的发展，有助于节约资源和能源。此外，垃圾分类的推行过程也是一次全民环保教育的实践。上海通过广泛的宣传和教育活动，增强了公众的环保意识，培养了市民分类投放垃圾的良好习惯，形成了尊重、关心环卫工人的社会氛围。更重要的是，垃圾分类体系化优化了城市管理效率，减少了垃圾处理成本，提高了垃圾处理的有序性和高效性，为城市的可持续发展奠定了坚实基础。最后，垃圾分类还促进了社区的和谐发展，增强了社区凝聚力与幸福感，提升了居民对于高品质生活的追求。

（三）设计节能：打造低能耗高观赏绿色建筑

近年来，建筑行业全生命周期碳排放在我国碳排放总量中占比超过一半，推进建筑行业节能减排、发展绿色建筑是推动实现"双碳"目标的必然选择。[1]作为全国低碳发展的引领城市，上海大力推进建筑领域绿色转型，通过完善顶层设计和健全政策体系推动绿色建筑发展取得积极成效，也为上海市民的绿色高品质生活提供物质载体。截至2022年底，上海超低能耗建筑面积达到1030万平方米，位列全国第一。

上海为打造低能耗、高观赏性的绿色建筑，加快绿色建筑行业发展，推出的具体政策包括以下四个方面：一是出台支持建筑业绿色转型的财税政策，为绿色建筑高质量发展提供资金支持。上海通过一系列政策法规，对绿色建筑示范项目、装配整体式建筑示范项目、既有建筑节能改造示范项目等有利于本市绿色建筑发展的项目给予市节能减排专项资金的支持。二是加强绿色建筑相关标准及评价体系建设，为绿色建筑评判与评价提供参考。2019年上海颁布修订的《绿色建筑评价标准》，从基本规定、安全耐久、健康舒适、资源节约、环境宜居等多个方面对绿色建筑的评价标准作出详细说明，成为国家绿色建筑评价标准发布后的首部地方评价标准。[2]在新建建筑方面，上海严格规定新建建筑须100%符合绿色建筑标准，新建项目在总体设计、施工图设计阶段须全面满足绿色建筑设计要求。三是关注绿色建筑发展的各个环节，持续深入支持建筑全方位及全生命周期的绿色节能降

---

[1]　刘慧玲、曹琦：《国土空间规划背景下城市绿色低碳规划与可持续发展路径探讨》，《城市建设理论研究（电子版）》2024年第30期。

[2]　参见上海市住房和城乡建设管理委员会：《上海市绿色建筑评价标准》，2019年10月31日。

碳。上海从绿色低碳建材推广、低能耗建筑项目推广、可再生能源应用、既有公共建筑节能改造等方面，为发展绿色建筑提供了具体的行动指南。四是通过示范项目建设为全市绿色建筑发展树立标杆、提供示范。上海推出建筑领域绿色低碳转型项目评定工作，对优秀的项目予以奖励和支持，并开展绿色生态城区评定工作。

绿色建筑实现高效节能的同时，亦需紧密贴合民众需求进行规划、建设、治理与评估，以实现更加包容多元的发展。此举不仅保留了城市的历史记忆，而且为其注入了新的生机与活力。[1] 上海建立规划师、景观师、建筑师"三师联创"工作机制，着力打造蓝绿交织、清新明亮、城乡共融的市域空间风貌体系和沪派江南格局。例如，位于苏州河畔的梦清园原址为 1933 年建成的上海啤酒厂，由著名建筑师邬达克设计的历史建筑保留至今，现被改造成环保主题公园。梦清园的核心设施是一座地下 3 万立方米的雨水调蓄池，主要用于收集初期雨水并排入市政系统，体现了"生态友好"的设计理念。园内增设一条全长 1224 米的滨河步道，并建设两个滨河驿站，分别配备公共厕所、休憩区及饮品售卖等设施。梦清园自 2023 年起 24 小时开放，极大地提升了市民的游园便捷性。梦清园的改造不仅保留了历史建筑的风貌，也在环境治理和生态修复上起到积极作用，使这片空间成为苏州河上的重要生态节点。城市生活空间、生产空间和生态空间功能持续优化、品质不断提升，这不仅将人民美好生活愿景照进现实，更为讲述美丽上海故事、向世界展示生态文明魅力的生动载体。

---

[1] 上海市生态环境局：《休闲、宜居、绿色成上海最动人的"底色"》，载上海市生态环境局网站，2022 年 12 月 15 日。

三、促进绿色消费的市场需求变革

在高品质生活氛围的营造过程中，绿色生产逐步成为新质生产力的重要引擎，绿色消费也为经济增长注入新活力。随着环保意识的觉醒和全球气候变化等问题的日益严峻，消费者对于绿色、环保产品的需求逐渐增强。他们更加关注产品的生产过程是否环保、材料是否可再生、使用后的废弃物是否易于处理等相关问题。这种消费观念的变化体现着绿色消费的市场需求变革，这不仅是对传统消费模式的挑战，更是对未来可持续发展路径的积极探索。目前上海正在积极推动经济绿色低碳转型，加快产业结构低碳转型，打造绿色城市"上海样本"。

（一）绿色经济：促进低碳经济发展与产业转型

2023年，上海消费者权益保护委员会基于对上万名消费者进行的问卷调查，揭示了当前消费者对绿色低碳消费重视程度的显著提升，尤其在北上广深等一线城市表现更为明显。此外，"90后"与"00后"作为新兴消费群体，其日益增强的责任意识以及对绿色低碳消费模式的追求，正驱动市场向更加环保的发展方向转型。为此，上海在市民生活方式层面不断增强市民节约意识、环保意识，倡导简约适度、绿色低碳、文明健康的生活方式和消费模式；在生产方式层面进行严格的管控与约束、规制与调整，引导、倒逼传统生产方式、传统产业绿色低碳转型升级，促进生态产品的生产、供给和价值实现。同时，鼓励园区、企业、社区、学校等基层单位开展绿色、清洁、零碳引领行动，把建设美丽上海转化为全社会的行为自觉，汇聚起美丽上海建设的强大合力和持续动力。[1]

---

[1] 包存宽、李红丽：《全面建设人与自然和谐共生的美丽上海》，《文汇报》2024年11月12日。

目前来看，上海在促进经济社会发展全面绿色转型主要有三大成效：一是以法规政策保障绿色可持续发展，在全国率先出台实施《上海市发展方式绿色转型促进条例》[1]，全方位推动能源、产业、生活消费等领域绿色低碳转型。二是以低能耗低排放支撑高质量发展。加快推动能源绿色低碳转型，全市光伏装机达 348 万千瓦，风电装机达 107 万千瓦，累计推进绿色建筑 4 亿平方米，超低能耗建筑 1400 万平方米，累计推广新能源汽车超过 141 万辆，建成各类充电桩近 84 万根。[2]三是以全社会之力践行低碳新风尚。在全国率先出台加快建立产品碳足迹管理体系，打造绿色低碳供应链的行动方案，推动各行业龙头企业成立 CN100 绿色低碳供应链主企业联盟，成功举办第二届上海国际碳中和博览会，组织申报并评选出本市首批 20 个碳达峰碳中和试点示范，开展可循环快递包装应用试点和塑料类可回收物单独回收试点并形成典型案例。另外，近年来上海市消保委凭借平台优势，一直致力于推动消费行业低碳转型升级，尤其在化妆品行业领域，曾联合多家行业协会和国际知名企业提出行业性的减碳路径和方向。

面向未来，在全球绿色低碳经济浪潮中，上海正积极建设国际绿色金融枢纽，以助力经济增长与绿色转型。[3]绿色金融是一种有利于经济、环境和社会可持续发展的金融模式，它通过提供金融服务来支持环保、节能、清洁能源等领域的经济活动，并注重环境和社会效益的评估与管理。在政策和环境基础方面，上海已发布一系列绿色低碳政策如《上海市碳达峰实施方案》，并出台首部绿色金融法规《上海市浦东新区绿色金融发展若干规定》。另外，绿色金融在服务绿色产

---

[1] 参见《上海市发展方式绿色转型促进条例》，2023 年 12 月 28 日公布。

[2] 鲍筱兰：《上海促进经济社会发展全面绿色转型》，《中国经济导报》2024 年 8 月 16 日。

[3] 《上海打造国际绿色金融枢纽，推动低碳经济发展》，载第一财经，2024 年 11 月 7 日。

业、技术发展中也发挥了积极作用。截至 2024 年 11 月，上海证券交易所共发行 1397 只绿色债券，规模总计 1.66 万亿元，数量和规模分别占国内绿色债券存量的 35.3%、30.5%；上海企业和金融机构共发行 154 只绿色债券，合计募资规模 2012 亿元，数量和规模分别占国内绿色债券的 3.9%、3.7%。在绿色金融产品体系的多元化与创新方面，临港集团发行全国首单保障性租赁住房碳中和债券以及全球首单绿色双币种自贸区离岸债券；上海完成超过 16 笔碳配额质押业务，质押量超过 130 多万吨，融资金额超过 4100 多万元。

绿色金融与经济发展的绿色转型的共同核心是支持可持续发展，这种资金配置方式有助于推动上海乃至全国的可持续发展进程。绿色金融致力于支持环保、节能、清洁能源、绿色交通和绿色建筑等领域，这些领域的发展直接关系到人们日常生活的环境质量。推动绿色经济转型，可以加快环保领域的建设，提高资源利用效率，促进公众环保意识的提高和参与度的增加，减少资源浪费和环境污染，从而推动社会的可持续发展、满足人民的美好生活愿望。

（二）循环时尚：加快生活消费方式的绿色转型

在当前气候危机日益频繁地影响人类日常生活的背景下，公众对于可持续发展的意识逐渐增强，并倾向于通过日常消费行为的选择来积极应对日益严峻的全球性环境问题。作为沿海城市的上海，其所面临的气候危机尤为严峻。为此，上海在促进可持续商业生态系统的构建及消费模式的转变方面发挥了先锋作用，积极倡导市民生活消费模式的转型，并引领绿色时尚消费的新趋势。2022 年，上海市在五五购物节中首次设置"绿色消费季"，旨在充分激发和释放绿色消费需求，推动绿色低碳生活方式转型，进一步提升绿色消费对经济高质量发展的支撑作用。2024 年的绿色消费季活动如约启动，它以"绿动未来，消费先行"为主题，围绕绿色消费的"环保产品、循环利用、绿色空间、低碳饮食、价值倡导"等五个核心板块，全面展示全市绿色消费新场景、新模式。[1]

在环保产品方面，科技元素的注入极大提高了人类保护环境的能力和效率。时尚、绿色、科技相互碰撞，为节能降碳绿色转型发展增添了无限新活力。在"上海绿色消费季"活动期间，耐克公司与同济大学携手合作，利用双方共同研发的分离分选技术及产品再造技术，进一步优化其"旧鞋新生"项目。在该活动期间，消费者有机会通过参与旧鞋回收活动，获得相应的环保激励措施。除了产品自身的技术创新和环保能效，上海还鼓励一批企业参与发放"绿色补贴"，以切实的让利于民引导市民参与绿色消费。市民在购买空调、电冰箱（含冰柜）、洗衣机（含干衣机）、电视机、热水器（含壁挂炉）、吸油烟机、燃气灶（含集成灶）、洗碗机等八大类产品时，只要产品符合相应的绿色智能家电标准，即可在参与企业的门店或电商平台，按照剔除所有折扣优惠后成交价格的 10% 享受一次立减机会购买若干件符合条件的补贴产品，金额最高不超过 1000 元。政府补贴资金总额为 2 亿元。它激发了市民们的购买热情，同时也推动了绿色智能家电市场的快速发展。

在循环利用方面，上海创新"互联网＋"和"两网融合"模式，优化收运体系，提高居民交投的便利性和满意度。截至 2022 年 9 月，全市已有 21 家"互联网＋回收"创新模式企业，经公开招投标的"两网融合"回收主体企业达 64 家。如爱回收的"点—站—场"智能回收管理体系，年回收可回收物可达 15 万吨，相当于减少碳排放量

---

[1] 张仲超：《从"绿色生活"到"绿色消费"，上海打造人人参与的绿色之城》，《中国商报网》2024 年 11 月 13 日。

37.5 万吨。[1]它与陶氏、李宁、Costa、天堂等知名品牌合作，以可回收物为原料，设计制作晴雨伞、棉袜、T恤、包袋等环保再生产品，融环保和时尚为一体，传递绿色消费理念。"绿色消费季"期间，上海市民通过使用爱回收旗下机器投递可回收物，将有机会领取现金红包等激励奖品。同时，上海积极探索废纺织品的回收再利用，以"循环·共生——时尚的可持续发展"为主题的MODE展会，体现了上海时装周创意新生、时尚关怀和源头革新三个特点。

在低碳饮食方面，杜绝"舌尖上的浪费"，倡导适度点餐，开展光盘行动，实施分餐制。厉行节约、文明用餐的新理念正在融入百姓生活，绿色低碳可持续发展越来越深入人心。截至2022年9月，上海餐饮行业已有3000家餐厅获"上海市绿色餐厅"称号。如杏花楼集团始终秉持绿色经营和管理理念，以科技创新为主导，实现低耗能的绿色发展。丰收日集团注重开源节流，节能减排，对水、电、气消耗进行定期监测分析，实施能源定额标准和责任制，把绿色发展的要求渗透到每个细节。而盒马超市的绿色商品供给也不断扩大，倡导无污染、无公害的绿色产品与有机产品，坚持以健康为导向的低碳饮食；门店鼓励使用可循环购物袋，提倡小包装购物；盒马还创新推出"回塑行动"，用户在消费时不买塑料袋，便可获得蚂蚁森林能量，该活动预计每年将减少碳排放7990吨。另外，随着咖啡大量需求带来的一次性餐具需求，上海也领先探索出了"解决方案"[2]，众多咖啡及饮品店商家采取了"立减3—5元不等"的促销策略，以激励消费者携带个人咖啡杯进行消费。消费者每次使用个人咖啡杯可减少约40

---

[1] 田泓：《引领低碳新时尚，首届上海绿色消费季启动》，《人民日报》2022年9月3日。

[2] 《上海绿色消费季启动 聚焦环保促进循环利用》，载上海市静安区人民政府网站，2024年5月5日。

克的碳排放量，而一棵树每年可吸收并储存 4—18 千克的二氧化碳。因此，持续一年使用个人咖啡杯相当于至少种植了一棵树。在上海咖啡店的用餐高峰时段，各式各样的个人咖啡杯成为城市中一道独特的风景线。

在绿色空间方面，旨在推动绿色建筑的落实和公众体验，创造对环境、社会和经济绩效负责的健康建筑和社会环境。一方面，推进商场绿色化。截至 2022 年 9 月，上海十万平方米以上大型商业综合体已有 39 家创建成为国家级绿色商场，成为拥有绿色管理制度、节能设施设备、绿色供应链体系、绿色服务和宣传、绿色消费理念和绿色回收的时尚商业载体。如上海南翔印象城 MEGA，是荣获美国绿色建筑协会 LEED 铂金级认证的购物中心，拥有近十万平方米的绿色生态创新空间，引领城市微度假新体验。再比如桃浦智创城内的星巴克"最绿门店"——向绿（Green）门店[1]，全面应用了符合环保标准的装修材料，提供独特的星膳食蛋糕、烘焙早餐和三明治等绿色健康饮食，还提供如咖啡渣的回收利用、绿植的氛围营造、宠物友好的环境设置以及无纸化服务等一系列的绿色环保措施。另一方面，推动绿地的再利用。如今一种新的解压方式逐渐在上班族中流行起来：午休时间走出写字楼，走进公园，即使看看花草、听听鸟鸣，也能放松心情，快速恢复能量——这也被称作"公园 20 分钟效应"。这一新的午休方式能受到上班族的青睐，得益于上海近年来大力推进的绿化建设。5 年间，上海森林覆盖率从 2019 年的 17.6% 提升到 2023 年的18.8%。截至 2023 年底，上海各类城乡公园达 832 座，绿道总长度达1769 公里，80 余处单位附属绿地实现开放共享。上海市民拥有越来

---

[1]《"绿色"为基底、"智慧"为内核！普陀"升级版"智慧园区即将全面开园》,《新民晚报》2022 年 8 月 17 日。

越多看得见绿、闻得到花香、走得进去的城市绿色生态空间。

在价值倡导方面，通过政策倡导鼓励低碳健康生活，推动新型生产关系形成与发展，促进市民生活消费方式的绿色转型。[1]低碳旅游作为一种减少环境负担、促进可持续发展的旅行方式，逐渐成为潮流。在 2023 年"低碳日"上，伴随《"碳路"未来——低碳旅游指引手册》的发行，上海节能减排中心进一步鼓励年轻人采取 Citywalk、骑行和可持续消费等低碳生活方式，为低碳旅游理念的推广注入了新的活力。低碳出行不仅是对环境负责，更是一种充实和有意义的生活方式。绿色消费方式的倡导不仅仅是营造高品质生活的必要之举，更是对人民生活质量和素质涵养的大幅提升。

（三）无废城市：拓宽环保公益项目的发展内涵

城市作为一个生命体、有机体，由千千万万个社区、工厂、园区、校园、商场、医院等细胞单元所组成，这些"无废细胞"的代谢水平决定了"无废城市"机体的健康水平。"无废细胞"指在固体废物源头减量、资源化利用和无害化处置等工作绩效突出的社会生产生活各类组成单元，包括但不限于机关、工厂、工业园区、企业集团、社区、校园、商场、餐馆、酒店、景区、医院等。细胞正从一个生物学概念，变为城市探索"无废"实践的新窗口。作为全国最早严格实行垃圾分类的城市，上海在无废城市建设的探索中也走在前列，目前已经实现了原生生活垃圾零填埋。2024 年 6 月 5 日出台的《上海市无废城市建设条例》聚焦源头减量，从设计、生产、消费、流通等领域以更高标准作了全面规定。上海市也建设了"一网通办"线上申报平

---

[1] 程娜、王愉涵：《新型生产关系如何驱动经济绿色发展——基于新制度经济学的视角》，《浙江学刊》2024 年第 6 期。

台，推动上海"无废细胞"建设规范开展。[1]

首先，"无废城市"的建设需要实现废弃物的循环再生，激发市民的环保公益热情。[2] 位于上海市长宁区的某"基地"，内设有"玩具交换屋"，其中陈列着各式各样的二手玩具，为儿童提供了一个交换和分享玩具的平台，有效减少了玩具的重复购置。居民共同参与的共享菜园项目，通过利用厨余垃圾作为肥料，实现了食物的自给自足，并将收获的果实重新引入厨房，形成了一个可持续的生态循环系统。为了使居民的行动能够孵化迭代，形成可复制推广的模式，新华路街道围绕"新华·社区营造中心"，打造上海零废弃社区的创新实践基地，与市民朋友们共同解锁"零废弃"的更多可能，让"无废社区"的理念逐渐深入人心。

其次，"无废城市"的建设需要投入技术支持，赋能环保公益的升级化发展。"绿色账户 沪尚回收"小程序是一个为市民提供可回收物投放的便利渠道，为资源回收主体企业提供整合的回收服务技术支持，为政府管理部门提供可回收物数据汇总、分析支撑的多功能平台。围绕"便利化、智能化、系统化、减量化、资源化"的目标，结合"上海绿色账户"转型，该小程序基于全市垃圾分类"一网统管"平台，以数字赋能全市可回收物体系，推动上海垃圾分类再上新台阶。平台整合了本市现有的多种回收服务模式，优化了市民使用的交互环境，构建了政策信息发布、活动信息发布、服务评价等多个功能体系，形成全市统一入口的可回收物服务平台。这套集聚市民群众智慧的 VI 视觉识别系统已经广泛应用到全市各可回收物回收点、中转

［1］《公告丨〈上海市无废城市建设条例〉全文公布》，载上观新闻，2024 年 3 月 29 日。

［2］ 王小斐、仇保兴、司思源：《"双碳"目标下智慧社区协同"无废城市"治理模式研究——以上海为例》，《城市发展研究》2024 年第 7 期。

站和集散场，以焕然一新的面貌和功能清晰的布局面向大众，着力展示上海垃圾分类的"新时尚"面貌。

最后，"无废城市"的建设还需要打通循环经济的堵点难点，促进资源节约和循环利用，提升垃圾综合治理能力。[1]一是推进生活垃圾分类提质增效，提高全区生活垃圾回收利用率，严格执行《上海市生活垃圾管理条例》，通过强化监管、规范、考核等形式稳定固化全区垃圾分类工作态势。二是不断提升生活垃圾收运规范作业水平，加强对生活垃圾收运、中转作业监管，强化监督考核，防止跑冒滴漏，维护车容车貌整洁。结合日常检查及第三方检查情况，每月出具车辆监管情况通报，重点检查跑冒滴漏及垃圾拖挂，通过信息化平台和大数据分析提升生活垃圾收运及时率，减少噪声扰民等有责投诉。三是完善生活垃圾转运处置体系，加快推进资源再利用中心项目建设。推进新建城乡生活垃圾分流转运中心，协同推进生活垃圾源头减量，加快完善垃圾中转设施体系。通过提升垃圾综合治理能力，可以确保垃圾得到及时、有效地处理，减少垃圾对环境的污染和破坏，更有助于培养市民的环保意识和责任感，形成全社会共同关注环保、参与环保的良好氛围和社会风尚。

案例专栏：

苏州河"一江一河"滨水岸线建设

在追求高品质绿色生活的背景下，黄浦江与苏州河作为上海最鲜

---

[1] 雷凯歌、陈齐、陈张宇等：《共同富裕示范区目标下浙江省全域"无废城市"建设的协同路径研究》，《环境工程学报》2024年第10期。

明的城市象征与宝贵资源，始终扮演着城市心脏与历史文脉的角色。然而，随着城市发展理念的革新及滨水区域功能的重塑升级，这两条标志性的"一江一河"滨水区步入了转型与革新的挑战阶段，遭遇了前所未有的挑战。如何打造一个既符合全球顶尖标准又彰显中国特色，能够引领社会主义现代化国际大都市滨水区发展的新典范，通过局部带动整体，促进上海市实现跨越式转型与高品质发展，成为上海市委、市政府持续探索与解决的关键议题。

在此背景下，上海连续两轮制定《"一江一河"两岸公共空间品质提升工程三年行动计划》，并列入市委民心工程持续督办。近年来，"一江一河"滨水区公共空间持续扩容、新质生产力不断集聚、城市地标陆续涌现，已经成为"五个中心"建设示范引领区、人民高品质生活示范点、人民城市理念最佳实践地。上海不断完善"市区联手、以区为主"等特色体制机制和政策保障体系，持续推动黄浦江岸线贯通南延北拓，打通苏州河贯通断点，并整体统筹"一江一河"沿岸地区产业布局，实现错位互补。同时，上海也坚持保护传承与开发利用并举，众多风貌建筑被改造为文化商业多功能复合体，并引导滨水公共空间治理理念由管理型向服务型转变，儿童友好、宠物友好、无障碍区域范围不断扩大。

截至 2023 年底，黄浦江沿岸贯通里程达到 59 公里，苏州河在实现中心城段 42 公里岸线贯通开放的同时，水质完成脱胎换骨蜕变，世博文化公园、后滩湿地公园等大型生态绿地、滨水公园相继开放。"一江一河"滨水区热点区域频现、网红打卡点频出，逐渐成为上海市民休憩娱乐首选地，已经形成宜居、宜业、宜游、宜乐的现代生活绿色水岸。"创新之城"发展区也初现蓝图，"一江一河"滨水区初步形成了具有国际影响力的金融集聚带、总部经济汇集的高端商贸集聚区，现代化国际大都市核心竞争力和全球影响力日益提升。而发端于"一江一河"的上海帆船公开赛、上海马拉松赛、上海赛艇公开赛"三上"品牌赛事体系，同样成了国际化文化大都市景观体育的"金名片"。上海市旅游节、国际光影节等活动精彩不断。未来，"一江一河"滨水区建设将持续推进空间提升、品质提升、功能提升，不断打造"一江一河"新亮点、宜乐宜游新空间、人民城市新地标，在为上海市民营造高品质生活氛围的道路上迈出更加坚实的步伐。

案例来源：《文汇报》2024 年 6 月 23 日

第五章

促进健康生活：建构高品质生活情境

"人民健康是民族昌盛和国家强盛的重要标志"；"把保障人民健康放在优先发展的战略位置。"[1]"健康"是贯穿于生命始终的根本需要，也是人的全面发展和享受高品质生活的基础和前提条件。随着社会不断发展，人们对"健康生活"的追求不再局限于生命体征上的健康身体状态，而是身体、精神、社会适应等全面发展的"大健康"状态。[2]"大健康"理念强调个体的健康状态与心理幸福感、社会参与度以及与环境的和谐关系密不可分，只有在身体健康、心理健康与社会适应能力相互融合的状态下，个体才能真正享受到高品质生活带来的全面幸福。[3]党的十八大以来，习近平总书记多次强调要将人民健康放在优先发展的战略位置上，强调"健康是促进人的全面发展的必然要求，是经济社会发展的基础条件，是民族昌盛和国家富强的重要标志，也是广大人民群众的共同追求"[4]。为了全面提升我国的全民健康水平，2016 年 8 月习近平总书记在全国卫生与健康大会上提出"要

---

[1] 习近平:《高举中国特色社会主义伟大旗帜　为全面建设社会主义现代化国家而团结奋斗——在中国共产党第二十次全国代表大会上的报告》，人民出版社 2022 年版，第 48—49 页。

[2] 张车伟、赵文、程杰:《中国大健康产业：属性、范围与规模测算》，《中国人口科学》2018 年第 5 期。

[3] 申曙光、曾望峰:《健康中国建设的理念、框架与路径》，《中山大学学报（社会科学版）》2020 年第 1 期。

[4]《习近平谈治国理政》第二卷，外文出版社 2017 年版，第 370 页。

倡导健康文明的生活方式，树立大卫生、大健康的观念，把以治病为中心转变为以人民健康为中心，建立健全健康教育体系，提升全民健康素养，推动全民健身和全民健康深度融合"。2016 年中共中央、国务院印发的《"健康中国 2030"规划纲要》，更是进一步指出要坚持以人民健康为中心，站在大健康、大卫生的高度，将"全民健康"作为"建设健康中国的根本目的"，将健康议题上升到国家优先发展的战略层面，作为治国理念融入政策制定和实施的全过程。[1]

在此背景下，上海深入贯彻落实习近平总书记关于健康的重要论述和考察上海重要讲话精神，围绕"全民健身运动推广""医疗保障体系完善"和"社区人际关系强化"三方面，致力于构建全民参与、全面覆盖、全程关怀的高品质健康生活情境。本章将结合上海实践，详细呈现上海是如何以健康生活建构高品质生活的。

一、推广全民健身行动与健康生活方式

全民健身是实现全民健康的重要途径和手段[2]，也是提高居民身心健康素质和健康治理中非医疗干预最积极、最有效的手段，更是健康中国建设的战略基础、前端要地和有力支撑[3]。《"健康中国 2030"规划纲要》对完善全民健身公共服务体系、推动体医结合、发展健身休闲产业提出了明确要求。上海积极推广全民健身行动与健康生活方式的系列措施，通过构建具有中国特色、上海特点的高水平、高品

［1］　卢文云、陈佩杰：《全民健身与全民健康深度融合的内涵、路径与体制机制研究》，《体育科学》2018 年 5 月。

［2］　李玉周、王婧怡、江崇民：《健康中国视域下全民健身促进全民健康的多元价值研究》，《西安体育学院学报》2019 年第 2 期。

［3］　刘国永：《实施全民健身战略，推进健康中国建设》，《体育科学》2016 年第 12 期。

质全民健身公共服务体系，致力于提升居民的整体健康水平和生活质量，全力推动全民健身事业迈上新台阶。在此过程中，上海通过政策支持、行动引领和设施升级等举措，构建起多层次、标准化、融合性的健身服务体系，推动"全民性"健康生活的普及，提升公众对健康生活的认知，激发居民的健身热情。这些综合措施相辅相成，为后续的健康生活方式推广奠定了坚实基础，并为创造更高质量的生活创造了条件。

（一）行动引领：普及"全民性"乐享健身生活

党的二十大报告指出，要"广泛开展全民健身活动"，"促进群众体育和竞技体育全面发展，加快建设体育强国"[1]。为推动全民健身活动的普及，上海坚持以"行动引领"为抓手，通过组织多层次、多样化的体育赛事和健身活动，营造全民共享的健身文化氛围，激发居民的健身热情，满足不同年龄层、不同兴趣群体个性化的运动需求。同时，上海注重引入专业力量的服务指导，通过专业赋能实现全民健身科学化，引导居民养成科学健康运动习惯。本部分将结合上海"行动引领"的具体实践，展现其如何通过普及"全民化"的健身活动，助力打造全民健康生活。

一是赛事引领，激发全民健身热情。赛事活动是激发全民健身热情、推动健康生活方式普及的重要抓手，它为构建"全民健身、全民健康"的社会氛围提供了有力支持。上海依托公共空间和社区场景，定期举办兼具趣味性与专业性的健身活动，激发了全民健身的热情。从现实实践来看，上海打造多层次的赛事服务体系，不断完善多元化

---

[1] 习近平：《高举中国特色社会主义伟大旗帜　为全面建设社会主义现代化国家而团结奋斗——在中国共产党第二十次全国代表大会上的报告》，人民出版社 2022 年版，第49 页。

赛事活动供给，推动构建"天天想健身"的活动体系，其行动集中体现在以下四个方面。

首先，推进四级全民健身赛事活动全覆盖。在推进全民健身活动体系建设中，上海着眼于构建"市—区—街镇—居村"四级赛事活动网络，从不同层面上满足市民多样化的健身需求，使居民都能享受到便捷、丰富的体育赛事活动。在此基础上，上海倡导推动"天天有活动、周周有赛事、月月有亮点"，逐渐形成高频次、常态化的健身活动体系。据统计，2023 年上海城市业余联赛共举办赛事活动 7895 场，共计 850 万人次参与。[1] 其次，打造各类品牌赛事活动。上海注重打造多样化品牌赛事活动，其中上海市民运动会和城市业余联赛等市级品牌赛事，兼具专业性、高水平的同时，注重群众性和趣味性，为不同年龄、不同水平的市民提供了展示自我、挑战自我的舞台。除此之外上海还推动形成了类型多样的"一区一品""一街（镇）品""一居（村）品"赛事活动。上海鼓励各区、街镇、居村根据自身特点和优势，打造具有地方特色的体育赛事活动，形成丰富多彩的赛事活动格局，增强社区的凝聚力和向心力，促进地方文化的传承和发展。其中，上海市松江区打造的业余足球联赛、市民排球节，已入选全国首批群众"三大球"精品赛事案例。最后，助推社会化赛事的开展。上海积极引导和支持体育社会组织建立健全业余竞赛体系，为市民提供更多参与体育竞赛的机会和平台。同时，上海积极支持社会化办赛，鼓励企业、社会组织和个人参与赛事活动的组织和策划，不断提高赛事活动的专业性和市场化水平。

二是氛围营造，共享全民健身新时尚。"氛围"具有重要的导向

---

[1] 陆娟：《体育强国建设大家谈——上海加快推进全球著名体育城市建设》，《中国体育报》2024 年 1 月 5 日。

性和辐射作用，是影响运动积极性、参与度、持久性和运动效果的关键因素。[1] 近年来，上海市政府通过发布健身发展指数、宣传运动促进健康生活方式、打造特色健身场景等方式，将"生活"与"健身"相融，全面推动全民健身理念深度融入城市生活中，营造了"健身引领时尚"的活力城市氛围，让健身时尚成为共享高品质生活的重要标志，实现全民健身从个人追求向社会文化的转变，增强了市民的参与感和归属感。

首先，发布全民健身发展指数，营造积极的健身文化氛围。发布全民健身发展指数是上海在推动全民健身战略中的一项重要举措。这一指数不仅量化评估了市民参与体育活动的频率、强度、多样性等关键指标，还反映了公共体育设施覆盖率、体育组织活跃度、体育赛事参与度等多个维度的信息。通过定期发布指数，上海市政府能够精准把握全民健身的发展现状和趋势，及时调整和优化政策导向，确保全民健身活动的持续性和有效性。其次，加强宣传引领，推广"爱运动，享健康"的生活方式。上海充分利用媒体资源，在全民健身日、体育宣传周等关键时间节点，通过线上线下相结合的方式，广泛宣传健康生活方式和健身知识，并通过健身成果展示、健身经验分享等形式，提高居民对健身价值的认识，增强健身活动的吸引力和感染力。最后，打造特色体育设施，丰富多样化健身场景。上海在推动全民健身过程中，建设了一批具有地方文化特色的体育博物馆、体育科普基地、体育旅游休闲基地等体育设施，并借助特定场馆设施展示体育历史、传播体育文化、推广体育科技，为居民提供多样化运动空间的同时，增强了居民对体育文化的认同感和归属感。

---

[1] 刘微娜、周成林、孙君：《青少年户外运动动机对运动坚持性的影响：运动氛围的中介作用》，《体育科学》2011 年第 10 期。

三是专业赋能，实现全民健身科学化。科学化、系统化的专业知识不仅是提升运动效率与质量的关键，更是推动全民健身活动深入、持久开展的重要保障。[1] 为确保公众在健身过程中获得精准化、个性化的指导，避免运动伤害，提升健身效果，上海联动多方专业力量，为居民提供全方位的专业健身指导，提高居民健身活动的科学化与专业化水平，推动科学运动成为健康生活的新潮流。

一方面，密切"体医"深度融合，推动多元专业力量参与，建立运动促进健康新模式，帮助居民树立"大健康""大健身"意识。具体来看，一是制定运动促进健康的行动计划，鼓励各类体育活动融入日常生活；二是开设社区运动健康中心建设试点，在社区层面打造便捷的运动场所，实现健康运动服务的生活化融入；三是开展丰富的健康科普活动，普及科学健身和运动知识，提高市民对运动的认识和兴趣；四是鼓励开设科学健身门诊，推广运动处方，让有健康需求的居民能在专业指导下进行定制化的运动训练；五是开展慢性病运动干预，帮助慢性病患者通过运动改善身体健康，减轻病症；六是组织"体医交叉培训"，将体育和医疗领域的专业力量有效结合，培训兼具体育知识和医疗知识的从业人员，为市民提供更加专业、科学的健康管理服务。

另一方面，壮大复合型健身指导队伍，为居民提供专业化指导服务。一是推进社会体育指导员专项化改革，2023年上海为进一步推进社会体育指导员队伍提质增量，打破人才壁垒，加强精准化管理，引导更多优秀体育人才加入全民健身志愿服务团队，推出《上海市社会体育指导员资质认定方案》。二是加强社会体育指导员协会和站点建

---

[1] 李璟圆、梁辰、高璨等：《体医融合的内涵与路径研究——以运动处方门诊为例》，《体育科学》2019年第7期。

设，提高社会体育指导员数量和质量，鼓励社会体育指导员服务进家庭、进企业、进校园。三是加强农村女性健身指导员培育。2023年上海启动"万村女性社会体育指导员培训"计划，充分利用社会体育指导员在农村开展全民健身活动。首期培训班吸引了来自上海168个村居的200余名女性参加，该培训班在带动全市农村地区女性参与全民健身热情的同时，通过群众带动群众、群众组织群众、群众指导群众，引导广大农村群众参与体育锻炼，展现了新时代上海女性风采，为乡村振兴贡献巾帼力量。[1]

（二）设施升级：打造"多层次"便捷健身空间

随着生活水平的提高，居民对健身的需求已不再局限于传统的体育场馆，而是更加倾向于便捷、灵活、多元化的健身方式。因此，如何科学规划、统筹优化健身设施布局、提升设施品质、丰富健身内容，成为满足市民健身需求的关键。[2]上海从"设施提档升级""健身空间延展""数字技术赋能"等方面出发，采取一系列创新举措，推动打造"处处可健身、天天想健身、人人会健身"的"全覆盖"便捷健身空间，实现了全民健身公共服务均等化、标准化、融合化和数字化，满足居民多样化的建设需要。本部分将结合上海在健身设施领域的实践亮点，深入细致地展现其在打造"全覆盖"便捷健身空间过程中所采取的具体措施及取得的显著成效。

一是设施优化，满足高质量健身需求。为更好满足人民日益增长的健身需求，上海积极响应国家全民健身战略，多措并举提高健身设施的质量和覆盖率，展现前瞻性的规划与执行力。2023年上海印发

---

［1］ 丁荣：《上海启动万村女性社会体育指导员培训》，《中国体育报》2023年10月31日。

［2］ 胡鞍钢、方旭东：《全民健身国家战略：内涵与发展思路》，《体育科学》2016年第3期。

《上海市关于构建更高水平全民健身公共服务体系的实施意见》，以推动全民健身设施规范化、标准化、均等化建设，意见中明确提出，到2035年，基本建成与具有世界影响力的社会主义现代化国际大都市相适应的更高水平全民健身公共服务体系。实现全民健身治理体系和治理能力现代化，成为中国式现代化全民健身模范城市。[1]从现实来看，上海在健身设施建设方面取得了显著成效。《2023年上海市健身设施建设补短板评估报告》显示，截至2023年底，上海人均体育场地面积达到2.6平方米，全市体育场地总面积64719322平方米、体育场地数量59702个。[2]这一数据不仅反映上海在健身设施供给上的强劲动力，也彰显其在提升市民健身环境方面的不懈努力。

在健身设施的具体建设上，鉴于当前城市空间日益密集的情况，上海在城市更新过程中不断挖潜空间发展潜力，并注重发挥标志性体育场馆的引领示范作用，推动更多竞技体育成果全民共享。徐家汇体育公园、上海自行车馆等一批体育重大工程建成开放，临港水上运动中心、市体育宫、划船俱乐部等重大项目有序推进，不仅满足了市民对高品质体育健身场所的需求，更提升了城市体育设施的整体水平。其中，徐家汇体育公园是上海标志性体育馆建设的典型代表，其由承载着几代上海人体育记忆的场馆"三件套"——上海体育馆、上海体育场、上海游泳馆，升级转变而来，已经成为市民共享的体育新地标。该体育公园自2022年1月开园以来，截至2024年11月，已接待近300万人次健身消费。体育公园中除了举办羽毛球、游泳、网球等

---

[1] 参见上海体育局：《上海市关于构建更高水平全民健身公共服务体系的实施意见》，2023年8月28日。

[2] 《本市人均体育场地面积2.6 m²！提前完成"十四五"规划目标》，载"上海体育"微信公众号，2024年7月17日。

传统体育项目、群众体育活动和业余赛事，还积极引入如匹克球、棒球、飞盘等新兴运动项目，极大提振了市民的运动热情。同时，上海针对现有健身设施不足的问题，制定具体的健身设施补短板计划，通过政府引导和社会资本参与的方式，加速健身设施的布局优化，确保每个社区都能享受到便捷的健身服务。

二是空间扩展，打造"处处可健身"的生活场域。作为超大城市，上海面临着土地资源紧张与市民健康生活持续升级的结构性矛盾。为扩展全民健身空间载体，上海系统推进公共空间复合化利用，通过一系列创新实践，织密全民健身空间网络，实现"处处可健身"的城市愿景。一方面，打造市民家门口的"15分钟体育生活圈"，增加举步可就的体育健身设施。社区是居民工作生活和社会治理的基本单元[1]，是全民健身公共服务的"最后一公里"。上海通过科学合理的规划和布局，在确保每个社区都拥有足够的体育健身设施的同时，加强社区之间的互联互通，形成便捷的体育健身设施网络。其一，构建类型丰富、功能完善的体育健身设施服务网络。上海依托为民办实事项目，新建大量市民益智健身苑点、市民健身步道、市民球场等体育健身设施，形成类型丰富、功能完善的体育健身设施服务网络，满足市民多样化的健身需求。其二，实施社区健身设施提档升级工程。上海在对现有健身设施的维护、更新和升级的基础上，推动智能健身器材、多功能运动场等建设，以满足市民日益增长的健身需求。其三，注重健身设施的适龄友好。上海注重加强针对儿童青少年、职工、老年人等不同人群的公共体育服务供给，推动体育健身设施覆盖各类人群。如高度重视健身设施的适老化服务，通过优化设施设计、增加辅

---

[1] 唐钧：《关于城市社区服务的理论思考》，《中国社会科学》1992年第4期。

助设施、提供健身指导等措施，确保老年人能够安全、便捷地使用健身设施。其四，鼓励健身设施共享。上海鼓励党政机关、群团组织、事业单位、国有企业等公共机构设置并开放健身设施，同时支持与社区或周边单位共享，提高健身设施的利用率，促进公共资源的共享和优化配置。如一些学校、企事业单位在节假日或业余时间向市民开放其体育设施，为市民提供了更多的健身选择。

另一方面，扩展城市健身的可能空间。其一，将健身休闲服务功能融入"一江一河一带"。上海充分利用黄浦江、苏州河及沿岸地带，通过规划建设滨水步道、骑行道、体育休闲区等，将健身休闲服务功能与城市自然景观相结合，既提升了城市生态环境，又丰富了市民的健身选择。例如，黄浦江两岸的健身步道已成为市民喜爱的健身场所。其二，深化"体绿"融合。上海结合"公园城市""千园工程"建设，在公园绿地中增设篮球场、足球场、健身器材等多样化健身设施，实现绿色生态与体育健身的深度融合。在美化城市环境的同时，也为市民提供了更多亲近自然、锻炼身体的机会。其三，推进新型体育服务综合体全覆盖。上海积极推进集运动健身、休闲娱乐、教育培训等功能于一体的体育公园、都市运动中心等新型体育服务综合体建设，确保在各区、街镇广泛覆盖。其四，实施城市"金角银边"变身体育空间工程。上海积极利用城市边角地、高架桥下、屋顶和地下空间等"金角银边"，通过创意设计和技术改造，将其转化为嵌入式健身设施，如小型足球场、攀岩墙、健身步道等，有效提高城市空间的利用效率。其五，挖掘复合利用场地资源，推广"现有空间＋体育功能"模式。上海鼓励和支持商业设施、楼宇、仓库、闲置厂房等场所的改造升级，如将旧厂房改造成室内运动馆、将商业综合体顶层设置为户外运动区等，实现空间资源的最大化利用。除此之外，上海还积极推动健身场地在公共服务设施中的设置，在社区党群服务中心、文化活动中心、为老服务中心等公共服务设施中设置健身场地。其六，完善户外运动设施。鉴于上海独特的地理位置和气候条件，上海大力建设和完善有关户外运动、水上运动和冰雪运动的设施，建设沿海及内陆水上运动中心、滑雪场和冰雪乐园等，为市民提供了更多元化的体育健身选择。

三是数字赋能，增强智能化健身辅助。智慧体育、智能化健身已经成为数字时代全民健身发展的重要趋势。[1]上海高度重视数字化转型在全民健身中的重要作用，在数字赋能健身设施方面采取了多项具体举措。其一，数字化服务平台的建设与应用，建立市区协同、智慧便捷的"你健身，我指导"公共体育服务配送平台。上海通过整合市区两级体育资源，打造了集信息查询、活动预约、专业指导、健康监测等功能于一体的公共体育服务配送平台。该平台能够利用大数据、云计算等现代信息技术，实现体育资源的精准匹配和高效配送。其二，"一码健身"的推广与复制。上海从2020年开始整合全市体育服务资源和窗口，规划启动建设"来沪动"健身地图微信小程序。该小程序包括场馆预订、游泳场所、学校场地公共设施、共享球场、赛事活动等内容，已覆盖全市超过700家公共体育场馆，接入项目达到340余个。除此之外，上海市体育局推出"上海体育"App，为市民提供健身设施查询、预约、导航等一站式服务，极大地提高健身设施的利用率和市民的健身体验。其三，智慧体育设施的建设与升级。上海为健身设施配备二维码报修系统和智慧化管理系统，方便市民参与设施管理和维护，并持续推动设施更新改造，提升设施品质和服务水平，从而构建更加智能、高效的社区体育健身设施网络。例如，一些

---

[1] 徐伟康、林朝晖：《人工智能与全民健身融合发展的价值逻辑、现实困境与优化路径》，《上海体育学院学报》2022年第10期。

健身设施配备了智能健身器材，能够自动记录和分析用户的运动数据，为用户提供个性化的健身建议。同时，部分场馆还引入 VR 沉浸式预览、智能推荐场馆等功能，提高用户健身运动的体验感。其四，数据驱动的健康管理与服务。上海通过数字化手段推动全民健身与全民健康的深度融合，通过引入物联网、大数据、人工智能等技术，实现对健身设施的实时监控、智能调度和数据分析。例如，长者运动健康之家和职工健身驿站等新型设施的建成，为居民提供了体质测试、基础健康检测、运动健康指导等服务。这些设施通过采集和分析市民的运动健康数据，为市民提供科学的健身指导，并推动形成年度的运动报告，帮助市民更加科学有效地进行健身锻炼。

二、优化社区医疗能力与医疗保障体系

当前，我国正迈入高质量发展新阶段，群众健康意识、健康素养不断增强，对更高效、更便捷的全生命周期健康服务有着更高期待。在此背景下，加强医疗服务体系建设，夯实医疗服务的网底与基础，全方位提升卫生服务能力，对于保障人民群众生命健康、维护社会安全稳定具有重要意义。上海通过构建"一体化"医保服务体系，打造"家门口"健康卫士等行动措施为居民提供了便捷化、全方位的医疗服务。

（一）医保完善：构建"一体化"医疗保障服务体系

随着人口流动现象不断加剧，异地就医需求日益提高，完善一体化、跨区域协同的医疗服务管理体系成为当前医保制度发展完善的关键。[1] 在构建长三角区域"一体化"的过程中，上海探索推动长三角

---

[1] 顾海、吴迪：《"十四五"时期基本医疗保障制度高质量发展的基本内涵与战略构想》，《管理世界》2021 年第 9 期。

医保一体化发展、医保应用一体化办理新路径，以期提升医疗服务效率，不断减轻群众就医负担。这一举措不仅响应了国家区域一体化战略，更为群众提供了便捷化、普惠性、智能化的医疗保障，形成了可复制、可推广的医保一体化发展经验。

一方面，上海积极助推长三角医保一体化发展。从 2018 年开始，上海市医保局积极响应国家区域一体化战略，发挥龙头带动作用，与江苏、浙江、安徽等兄弟省市医保局协同发力，率先启动异地跨省门诊费用直接结算试点工作。在各方努力协作下，各项工作扎实推进，率先实现了"长三角生态绿色一体化发展示范区"内医疗保障领域同城化，医疗保障服务均等化、普惠化、便捷化程度进一步提高，满足了人民日益增长的美好生活需要。[1]

2019 年，国务院印发《长三角生态绿色一体化发展示范区总体方案》，将上海市青浦区、江苏省苏州市吴江区、浙江省嘉兴市嘉善县三地作为长三角生态绿色一体化发展示范区，并将医疗保障作为长三角一体化示范区公共服务项目的重要内容，尝试探索在行政边界不变的情况下，坚持"共建共治共享"的发展思路，通过技术、服务和制度等多方面的创新协同，实现区域医疗一体化发展。最终期望以"示范区之点"构建一体化蓝图，以"长三角之面"践行一体化突破，形成"点上实践、面上推广"的良性互动循环。为达到这一目标，上海在行动过程中不断发力，主要包括三个方面的内容。一是明确发展定位。上海在推进示范区医保一体化过程中，始终坚持贯彻新发展理念，在构建新发展格局下的重要地位，坚持发展为了人民、发展依靠人民、发展成果由人民共享，着力创造高品质生活的重要发展目

---

[1] 上海市习近平新时代中国特色社会主义思想研究中心、上海市中国特色社会主义理论体系研究中心编：《新思想引领上海新实践》，上海人民出版社 2023 年版，第 562—575 页。

标。二是凝聚多方共识。上海积极推动青浦、吴江、嘉善医保局开展协商洽谈，签署《长三角生态绿色一体化示范区医保一体化建设合作协议》，在深入基层一线、邀请专家代表建言献策以及多方反复论证的基础上，凝聚制度创新最大共识。如针对"信息、服务、保障、共享、管理"等一体化建设试点，坚持先易后难、以点带面、求同存异，逐项统一口径、达成共识。三是多方谋划创新。示范区坚定不移走高品质发展道路，直面协同难题，针对医保筹资、经办、支付和监管四大机制，以消除制度碎片化、待遇不平、保障有短板、监管不完善和改革不协同为目标，寻找创新政策和方法，全力推进示范区医保公共服务便利共享。[1]

在此过程中，示范区坚持信息协同、经办协同和监管协同。一是实现异地门诊就医免备案刷卡结算。示范区依托上海牵头开发的长三角门诊结算平台，对参保人员实行系统自动备案。参保人员凭社保卡或医保电子凭证，即可在上海所有异地联网医疗机构便捷地完成刷卡或扫码结算。并且，为进一步提升群众就医的便捷性与满意度，示范区积极推进异地就医结算全领域的免备案进程，让参保群众实现跨域就医"零材料、免申报"的直接结算。二是推动医保经办协同化。示范区以 2020 年 4 月国家医疗保障局发布的《全国医疗保障经办政务服务事项清单》为指南，对三地事项清单进行比对，整合成统一的服务清单及办事指南，建立经办互通平台，居民可在三地任一医保经办机构办理，实现"一站式联办"。三是推进基金监管协同化。为防止参保者、就医地医疗机构等相关主体出现套取、骗取医保基金等行为，示范区推出三地协作的联审办法，将就医地和参保地纳入监管共

---

[1] 上海市习近平新时代中国特色社会主义思想研究中心、上海市中国特色社会主义理论体系研究中心编：《新思想引领上海新实践》，上海人民出版社 2023 年版，第 562—575 页。

同体，探索建立区域内医保基金联审互查合作机制，统一标准、统一手势，做到对示范区内异地就医费用全领域、全过程、全方位监管。在此基础上，上海将总结提炼长三角生态绿色一体化发展示范区先行先试经验，推进长三角更大范围的医保公共服务便利共享。

另一方面，上海主动践行医保应用一体化办理。在推动跨区域医保一体化的同时，面对群众对医保服务高效化、高质量等的发展诉求，上海在国家"一件事"理念的指导下，积极推动内部医保应用一体化办理。[1]

一是加强政策宣传，推动医保覆盖。上海市医保部门通过多渠道、多平台的宣传策略，提升居民对医保电子凭证的认知度和接受度，将医保电子凭证的概念及其便利性普及到广大市民中。利用"上海医保"微信公众平台、"一网通办"等官方渠道，以及支付宝、微信等社会平台，结合学校、社区、企业等线下力量，广泛宣传医保电子凭证的申领、激活及使用方法等知识，实现从"一卡一册"到"电子凭证"的顺利过渡。二是依托数字平台，打造便捷服务。2020年6月，上海医保部门依托医保电子凭证，在全市"一网通办"门户上线了"医疗费报销一件事"服务，并在全市11家市级医疗机构和111家区属医疗机构试点，实现了医疗费报销的"一表申请""一口受理""一体反馈"。同时，随着医保电子凭证应用场景的不断拓展，从就医购药脱卡支付到扫码结算，再到全市医疗机构的全覆盖，上海已构建一个高效便捷的数字化医保服务体系。三是拓展多元应用场景，优化就医体验。随着"便捷就医服务"数字化转型的深入，上海市医保部门不断拓展医保电子凭证的应用场景，打造"脱卡就医、信用就

---

[1] 上海市习近平新时代中国特色社会主义思想研究中心、上海市中国特色社会主义理论体系研究中心编：《新思想引领上海新实践》，上海人民出版社2023年版，第562—575页。

医，线上支付、无感支付"的新型服务体系，不仅实现医保电子凭证在医疗机构的全面应用，还推动定点药店基本实现"刷码购药"。四是加强人文关怀与特殊群体照顾。在推进医保电子凭证应用的过程中，医保部门充分考虑到不同群体的需求，特别是针对中小学生、老年人等特殊群体，通过亲情账户绑定、提供专人指导等措施，确保他们能够顺利享受医保电子凭证带来的便利。五是加强双线联动，优化服务质量。医保部门在推进医保付费一件事办理的过程中，不仅注重宣传普及和技术创新，还强化了对医疗机构主体责任的落实，推动了服务流程的优化提升。通过设置专人专窗提供医保电子凭证的辅助申领和激活服务，鼓励医保定点药店和医疗机构开展如提供扫码结算服务指引等特色服务，确保了数字化转型过程中不同需求市民的顺利过渡和适应，不断完善医保电子凭证应用的支撑体系。同时，通过持续收集反馈、分析数据、调整策略，确保了医保付费一件事办理工作的持续优化和提升。

（二）医疗提质：打造"家门口"社区健康服务卫士

上海高度重视基层卫生工作，提出新时代卫生与健康工作方针，将"以基层为重点"放在首要位置。而社区卫生是基层卫生健康高质量发展的重要环节，在保障居民健康中发挥了基础保障功能。[1] 近年来，上海多措并举推动赋能社区医疗，持续拓展社区卫生服务功能、提升社区卫生服务质量，让居民在家门口有"医"靠。当前，上海社区已经建立了完整的社区卫生服务机构网络，培育了一支具有较高专业素养的全科医生队伍，形成了公益高效的社区卫生服务运行机制，构建了具有中国特色、上海特点的社区卫生服务创新模式，能够

---

[1]　吴炳义、董惠玲、武继磊等：《社区卫生服务水平对老年人健康的影响》，《中国人口科学》2021年第4期。

为居民提供基本医疗、公共卫生、康复护理、家庭医生签约等形式多样的卫生健康服务，不断提升居民看病就医的满意度和获得感。[1]

一是健全网络化布局，完善硬件配套设施。一方面，上海按照每个街（镇）至少设置一所社区卫生服务中心（常住人口超过 10 万，每增加 5 万—10 万人口，再增设一所中心或分中心），1 万—2 万常住人口设置一所社区卫生服务站，一个行政村设置一所村卫生室的标准，逐渐建立"横向到边，纵向到底"的机构布局。截至 2024 年 8 月，全市已建成社区卫生服务中心 248 所、分中心 102 所以及服务站 842 个、村卫生室 1118 个。各区立足功能定位差异化，实施"标准化 +"工程，逐渐构筑起基层卫生服务能级持续提升的生态基底。另一方面，指导各区因地制宜进行新建、改（扩）建，夯实社区卫生服务能力提升的基础。各社区卫生服务中心根据服务要求，因地制宜增加 CT、移动 DR 等设备配置，其中闵行区、嘉定区已实现社区 CT 配置全覆盖，浦东新区更是实现了社区四件套（CT、移动 DR、肺功能检测仪、心脏超声）全覆盖，显著提升了社区设施配置水平。

二是完善诊疗服务资源，加强基层诊疗能力。首先，推广社区管疗服务病单，提升社区对常见疾病的诊断、诊疗和转诊能力。2023 年 8 月，上海市卫生健康委在国家卫生健康委《社区卫生服务中心服务能力标准（2022 版）》基础上，结合本市实际制定并形成了《上海市社区医疗服务基本病种清单（2023 版）》。清单以全科诊疗为基础，坚持中西医并重，循序渐进强化眼耳鼻喉科、妇科、儿科、皮肤科等适宜专科服务能力，其中共包含西医 161 种疾病、中医 114 种疾病。截至 2023 年底，全市社区平均开展西医诊疗病种 119 种，开展门诊小

---

[1] 上海市卫生健康委员会案例编写组：《赋能社区医疗，让居民在家门口有"医"靠》，《文汇报》2024 年 8 月 26 日。

手术的社区达到 60% 以上，各社区卫生服务中心均可提供 6 类中医医疗技术和中药饮片服务。其次，推进基层中医药服务能力建设。上海落实国家中医药管理局有关社区中医馆和中医阁能力建设的标准，并有 133 家社区卫生服务中心达到中医馆建设要求（占比 53%，国家要求 15%），453 个服务站和村卫生室达到中医馆建设要求（占比 23%，国家要求 10%）。同时，上海面向社区组织开展名中医"师带徒"工作和"百师强基"师资培养计划，成功培养基层承担非中医类别医师学习中医的师资力量 400 余名。为切实加强基层中医药服务能力，上海启动基层中医药实践推广培训基地遴选，并已在 10 个区开展基地建设。最后，优化社区药品配备。成立市、区两级"市民配药工作专班"，制定《关于进一步加强社区药品配备保障的通知》，坚持"一区一特色、一中心一方案"原则指导社区卫生服务中心根据居民需求，定期调整、优化和扩充药品供应目录。截至 2023 年底，社区平均配备药品 616 种，延伸处方药品库共 532 个品种。截至 2024 年 8 月，已有 45% 的社区卫生服务中心开设了药学门诊，并有 30% 能够提供居家药学服务。全市医联体内上下级医疗机构常见病、慢性病药品数均吻合度达 70.6%。[1]

三是健全整合服务模式，夯实慢性病公卫网底。一方面，全面落实 12 类国家基本公共卫生服务项目，持续推进老年人健康体检、儿童保健、孕产妇保健等服务全覆盖。规范设置社区发热诊室，以"发热病例"为触发点，充分发挥发热门诊（诊室）监测哨点作用。35 家社区发热门诊 213 家社区发热哨点诊室实现街镇全覆盖。另一方面，深化以人为核心的整合式社区慢性病健康管理服务，实行多种行为危

---

[1] 上海市卫生健康委员会案例编写组：《赋能社区医疗，让居民在家门口有"医"靠》，《文汇报》2024 年 8 月 26 日。

险因素综合防治、多种慢性病整合筛查和共同管理。截至 2024 年 8 月，上海已设置智慧健康驿站 23 家，建成社区慢性病健康管理支持中心 72 家，为居民开展标准化血压、血糖测量服务。与此同时，上海积极推进"医防融合"试点，制定《上海市社区卫生服务中心标准化口腔诊室建设指导标准》，全年建成 32 家社区标准化口腔诊室，提供龋齿填充、根管治疗、各类牙齿拔除等 17 项服务。同时，积极探索疾控机构新招人员下沉社区工作机制，进一步增强社区卫生服务中心公共卫生服务能力。

四是提升家庭医生签约服务质量，满足多样化服务需要。一方面，在落实重点人群应签尽签的基础上，上海聚焦企事业单位、商务楼宇、产业园区、校园等功能社区，稳步扩大在校、在职人群的签约覆盖。截至 2023 年底，上海市家庭医生累计签约超过 1100 万人，签约率 44%，较 2022 年提升 6.4 个百分点。同时，各区积极拓宽签约渠道，依托市级"互联网＋"签约服务平台，实现了线上签约、转签、健康咨询及预约诊疗等便捷服务。另一方面，强化主动联系机制，要求家庭医生每季度至少主动联系 1 次签约居民，对老年人等重点人群增加随访与联系频次。同时推广应用人工智能等信息化工具，为签约居民提供主动联系、随访监测等健康管理服务。各社区基本建立"人工＋智能"的随访工作机制。除此之外，推进针对性健康评估与管理，以 65 岁及以上老年人为重点，通过整合居民健康数据，为签约居民出具个体化、针对性健康评估报告。[1]

五是优化社区医疗服务场所，提升社区康复、护理服务能级。首先，推进社区康复中心建设。上海近三年来累计建成 119 家社区康复

---

[1] 上海市卫生健康委员会案例编写组：《赋能社区医疗，让居民在家门口有"医"靠》，《文汇报》2024 年 8 月 26 日。

中心。依托社区卫生服务中心病房与康复治疗区域以门诊、住院康复为基础，结合各类中西医康复适宜技术，将康复服务逐步延伸，平均每家示范性社区康复中心可提供近40项康复服务项目，基本形成住院、门诊、站点和居家相衔接的具有社区特色的康复服务体系。其次，制定《关于开展本市社区卫生服务中心护理中心建设的通知》，启动社区护理中心建设，明确建设标准服务项目和设施设备清单。2023年建成首批36家社区护理中心，在提供皮肤护理、排泄护理、营养护理等8类26项基本护理服务的基础上，还可以提供腹膜透析、伤口护理等专科和特色护理服务。最后，按照城乡特点、人口规模和年龄结构，以落实功能和满足居民需求为目标，结合社区卫生服务中心病房开设情况，进一步优化家庭病床服务。各社区卫生服务中心明确负责对接养老机构的家庭医生团队，为有需求的重点人群提供便捷可及、安全适宜的医疗服务。

三、提升社区生活环境与社会支持网络

"人民城市人民建，人民城市为人民"，城市建设要以人民为主体，以人民为依归。在"大健康"理念下，身心健康是个人健康的重要组成部分，而人际关系和社会支持是影响个体身心健康和主观幸福感的重要因素。[1]自"单位制"解体后，社区成为中国城市治理的基石，更成为城市居民最基本、最重要的生活场域。但是城市化的加速推进以及不确定性时代的来临，"附近"逐渐消失在人们的视野中，呈现出社区联结松散、社区公共精神式微、人情关系淡漠等困境。在"人民城市"重要理念引领下，为应对当前社区面临的难题，上海从

---

[1]　王雁飞：《社会支持与身心健康关系研究述评》，《心理科学》2004年第5期。

社区环境优化、社区邻里互助两个层面，推动打造健康社区生活圈。

（一）环境优化：建设复合宜居型社区生活圈

党的二十届三中全会提出，要"加强普惠性、基础性、兜底性民生建设，不断满足人民对美好生活的向往"。上海深入贯彻党的二十届三中全会精神和习近平总书记考察上海重要讲话精神，认真践行"人民城市"理念，以"15分钟社区生活圈"行动为抓手，推动健康友好型社区与生活圈建设，为市民群众打造更加便捷、舒适、和谐的居住环境，不断增强人民群众的获得感、幸福感、安全感，切实将党的温暖关怀转化为人民群众触手可及的幸福生活。

早在2014年，上海在全国率先提出"15分钟社区生活圈"概念，并在2016年制定发布全国首个"15分钟社区生活圈规划导则"，纳入《上海市城市总体规划（2017—2035年）》。"15分钟社区生活圈"指在市民慢行15分钟可达的空间范围内，完善教育、文化、医疗、养老、休闲及就业创业等基本服务功能，提升各类设施和公共空间的服务便利性，构建以人为本的"社区共同体"。尤其是自"人民城市"理念提出以来，上海以全体市民获得感为最高衡量标准，持续完善社区公共服务设施和功能，由点及面、持续开展"15分钟社区生活圈"规划建设行动，着力打造宜居、韧性、智慧城市。经过多年的深耕发展，上海"15分钟社区生活圈"已经成为"人民城市"建设的品牌工程。

生活圈的"圈"不仅仅是简单的时空概念，更是指一个多功能系统结构，强调以"绣花针"的方式提升社区复合功能和生活品质，让社区居民每天以家为圆心，花十来分钟工夫，便能抵达"宜居、宜业、宜游、宜学、宜养"的生活场景。可以想象，在步行可及的范围内，就能在温馨的社区食堂里品味人间至味，于城市书房的静谧氛围中沉浸于书香世界，在活力四射的球场上挥洒汗水享受竞技的乐趣，或是在社区绿地中与挚友悠然漫步、谈笑风生，将是多么舒适的生活。此外，健身房的强健体魄之旅、社区医院的贴心医疗服务等配套，无一不体现出对居民生活需求的细腻关怀与精准回应。这15分钟，已超越了单纯的时间概念，它成为衡量城市生活便捷程度与居民幸福感的一把精准标尺，深刻诠释了上海这座城市对于打造高品质生活的不懈追求。[1]

经过点上探索、条线推进、全面铺开的试点性实践，上海的"生活圈"建设已进入新的发展阶段。自2023年起，上海按照"1510"的工作框架，聚焦以人民为中心的总体目标，按照坚持人民至上、坚持规划引领、强化公共服务、注重统筹兼顾、坚持全过程人民民主五个基本导向，推动实施十项专项行动，并形成三方面实践举措：一是突出问题导向、目标导向，聚焦完善公共服务功能和实现社区共同愿景。上海着力打造"人民坊"，提升社区的归属感、自豪感和烟火气。全市1600个社区生活圈以"五宜"（宜居、宜业、宜学、宜游、宜养）为导向，构建"十全十美"服务体系，打造"1＋N"标志性服务空间。"1"就是1处空间复合、功能融合的"人民坊"；"N"就是见缝插针、灵活布局的"六艺亭"，不断提升社区居民的归属感、自豪感和烟火气。二是优化工作流程，构建城市治理共同体。上海推动落实"四个人人"（人人参与、人人负责、人人奉献、人人共享），健全"一图三会"制度，做实做细全过程人民民主。同时，聚焦"一张社区规划图"，通过事前征询会、事中协调会、事后评议会的"三会"制度推动社区治理创新。除此之外，大力推进包括掌上生活圈在内的"社

---

[1]《以"绣花针"方式提升生活品质，"15分钟社区生活圈"圈定幸福生活》，《文汇报》2024年10月18日。

区数字生活圈"建设，提升社区治理的智能化水平，为社区居民提供更加便捷的生活服务。三是完善工作机制，加强多元主体协同。上海围绕多方协同推进，上下联动、开放协同，形成推进行动的最大合力，让生活圈成为全社会共同追求的"幸福圈""甜甜圈"。当前，上海每个街镇都配备一支社区规划师团队，并创设"人民城市大课堂"培育赋能，动员全社会力量共建共治。[1]

上海长宁区和徐汇区是"15分钟社区生活圈"建设的典型代表，正以实际行动诠释着"人民城市"理念的深刻内涵，为市民编织了一张张便捷、舒适、充满活力的社区生活网络。长宁区新华路街道是最早列入上海"15分钟社区生活圈"的试点街道之一，其探索与实践尤为引人注目。该街道紧扣"花园社区"与"人文新华"两大核心主题，通过精细化规划与改造，不仅让街区面貌焕然一新，更让居民的生活品质实现了质的飞跃。在新华路街道，公共设施不再是冷冰冰的建筑，而是融入了人文关怀与绿色生态的温馨空间。学校、公园、菜场等日常生活必需的设施，经过精心设计与布局调整，变得既便捷可达又充满趣味性，满足了从孩童到老人不同年龄层居民的需求。例如，街道内的公园被赋予了更多休闲与教育功能，成为居民散步、亲子互动的理想之地；菜场则通过引入智慧支付、优化购物环境等措施，让买菜这一日常活动也变成一种享受。尤为值得一提的是，"大鱼营造"等民间组织的积极参与，为社区生活注入了新的活力。这些组织不仅发起并举办时装秀、手工课等丰富多彩的社区活动，还促进邻里间的交流与互助，增强社区的凝聚力与归属感。时装秀让居民们有机会展示自己的风采，手工课则让儿童和老人都能找到乐趣，这些

[1]《人民城市，"圈"定幸福：上海启动2024年"15分钟社区生活圈"主题活动》，载"上海规划资源"微信公众号，2024年9月25日。

活动不仅丰富了居民的精神文化生活，还激发了社区自我更新的内在动力。

徐汇区在推进"15分钟社区生活圈"建设过程中，创造性地打造集养老、托育、健身、医疗等多功能于一体的"生活盒子"。所谓"生活盒子"，是一个集社区食堂、医疗保健、养老服务、幼儿教育、休闲活动等多种服务于一身的社区生活服务综合体，它巧妙地将居民日常所需的各种服务资源进行整合与优化配置，实现了服务功能的无缝对接与高效协同。在徐汇区的"生活盒子"内，居民们可以轻松享受到从舌尖美味到身心健康的一站式服务。社区食堂提供营养均衡、口味多样的餐食，既满足了老年人的饮食需求，也为忙碌的年轻家庭提供了便利的用餐选择。医疗保健区则配备专业的医疗团队与先进的医疗设备，为居民提供基础诊疗、慢性病管理、健康咨询等全方位的健康管理服务，让居民在家门口就能享受到贴心的医疗服务。养老服务区不仅提供日间照料、短期托养等传统养老服务，还引入了智慧养老技术，如智能穿戴设备、远程健康监测等，为老年人打造一个安全、舒适、充满关爱的生活环境。而幼教区则致力于为社区内的幼儿提供优质的早期教育服务，包括亲子活动、启蒙课程等，助力孩子们健康成长，也为年轻父母减轻育儿压力。此外，健身区与休闲区则为居民提供丰富的文体娱乐设施，鼓励大家积极参与运动，享受健康生活，同时也为社区居民提供社交互动的空间，促进邻里间的和谐关系。徐汇区的"生活盒子"不仅是一个物理空间的创新，更是一种社区服务模式与治理理念的革新。它打破了传统社区服务条块分割的壁垒，通过资源的整合与共享，实现服务效能的最大化，真正做到了"以人为本"，让每一位社区居民都能感受到城市的温度与关怀。

长宁区与徐汇区的实践证明，通过政府的科学规划与社会的广泛参与，可以在有限的空间内创造出无限的生活可能，让每一位居民都能享受到高品质、有温度的社区生活。他们的经验也为上海其他地区的社区建设提供了宝贵的借鉴与启示，推动"15分钟社区生活圈"理念在更大范围内落地生根，开花结果。

（二）邻里共融：打造睦邻友好型社区共同体

2017年《中共中央 国务院关于加强和完善城乡社区治理的意见》中提出"强化社区文化引领能力"，"增强居民群众的社区认同感、归属感、责任感和荣誉感"，"形成与邻为善、以邻为伴、守望相助的良好社区氛围"。[1]社区是居民生活和社会化的重要场域，社区居民间的信任、互助与合作成为增强居民心理韧性和幸福感提升的重要因素。上海以"践行人民城市理念，创造中国式现代化进程中超大城市基层治理新经验"为主攻方向，通过生活环境优化、社区服务机制完善、社区情感培育等行动，推动打造睦邻友好的社区共同体。

一是打造睦邻空间，优化居民生活环境。居住环境是影响居民生活品质的关键要素，也是上海睦邻行动的重要环节。一方面，推动老旧社区改造，让老旧生活空间焕新颜。随着时间推移及社会城市化的快速发展，不同群体的诉求日益多样化，老旧小区在基层治理中面临公共设施老化及配套不足、社区公共活动空间缺乏等难题。上海通过梳理不同类型的难点区域，推出"强基工程"等，补齐短板弱项，加快老旧小区等实施重点区域治理攻坚。如宝山区一居民区党总支聚焦硬件升级，结合小区实际情况，开展对党群服务站的升级改造，拓展并优化公共活动空间和功能布局，创建"议事之家""儿童之家""康乐之家"和"心灵之家"，为老年人和儿童提供专属活动场所，满足

---

[1]《中共中央 国务院关于加强和完善城乡社区治理的意见》，载中国政府网，2017年6月12日。

居民多样化的空间需要。[1] 另一方面，用好"加减乘除法"，解好楼道环境治理"方程式"。楼栋作为社区治理的基本单位，是居民生活的核心区域、邻里交流的重要平台，但是往往也成为杂物放置的重灾区，尤其是老旧小区更是面临硬件陈旧、楼道脏乱等难题，影响居民生活的同时，带来难以预测的安全隐患。为了优化居民生活环境，打造安全、宜居、便捷的生活环境，上海推动"美丽楼道"建设，将文明创建与居民需求相结合，完善和更新楼道公约，开展楼道清洁、楼道改造行动，优化楼道生活环境，以楼道整治"小缺口"，解锁民生"大幸福"。

二是组建睦邻队伍，完善社区服务机制。"人"是社区生活的主体，"人的参与"则是社区活起来的关键，如何带动人的参与是睦邻社区建设的关键。上海通过组建多样化的居民志愿服务队伍，推动基层治理现代化的同时，通过居民自治构建社区互动纽带，夯实社区内生支持网络。一方面，党建引领，发挥党员在社区中的先锋模范作用。疫情期间，上海组织动员100多万名市、区两级机关企事业单位党员干部和各方面力量参与社区抗疫，推动72万余名在职党员闻令而动，引导31.3万名社区党员就地转化，为居民生活和安全提供了重要保障。疫情之后，上海积极探索如何将在职党员"留在社区"，尝试构建基层治理的"第二梯队"，组织在职党员到社区报到、在社区服务，如长宁区依托"宁聚里"党群服务矩阵建设"凝聚家"在职党员报到站，建立"街道—网格—居民区"三级在职党员报到体系。[2]

---

[1] 陈曦：《从"老旧"到"美好"，宝山这个社区治理的"幸福密码"是……》，载上观新闻，2024年11月18日。

[2] 张骏：《"把脉"基层治理，上海推出实招："六大工程"为基层赋权减负增能》，载上观新闻，2022年9月30日。

另一方面，吸纳多元主体，加强社区志愿服务建设。随着基层治理规模和治理复杂性的上升，志愿服务在推进基层社区治理现代化进程中的优势渐显。[1]志愿服务是上海市社区互助平台的重要组成部分，疫情期间，"楼长""团长"等社区志愿力量在社区抗疫中发挥了重要力量。疫情后，各区积极吸纳表现突出的"楼长""团长""队长""能人""达人"进入社区志愿者队伍，并鼓励居民参与志愿服务活动。在参与志愿服务的过程中，居民可以根据自己的特长和优势，为社区提供多样化的服务，如环境整治、助老助残、青少年辅导等。这些活动不仅丰富了居民的生活体验，促进了居民之间的交流与互助，更成为居民展示自我价值、实现社会价值的舞台，激发了他们的社区归属感和责任感。

三是营造睦邻文化，培育社区情感网络。社区不仅是物理意义上的生活空间，更是居民情感交流的重要载体，因此如何用"感情"这只无形之手激发居民的情感共鸣，成为社区关系持久性和持续性的催化剂。[2]上海注重培育社区睦邻文化，以构建有温度、有温情的社区关系网络。首先，加强公共空间的文化氛围营造，利用党群活动阵地、社区公共场所等营造睦邻文化宣传氛围，鼓励有爱好特长的居民创作、展示楼组文艺作品，在美化环境的同时，营造和睦文化氛围。其次，切实做好新就业群体关心关爱工作。上海积极推广"小哥驿站"建设，为外卖小哥等新就业群体提供社区中的温馨休憩空间。空间中除提供歇息、热水、充电、热饭等贴心服务外，还配备药品、雨

［1］文军、敖淑凤：《社区治理场景下的志愿服务参与机制研究》，《甘肃社会科学》2024年第5期。

［2］文军、刘思齐：《关系运作视角下枢纽型自治组织的行动逻辑及其治理实践——以上海市X街道业委会联合会为例》，《江苏行政学院学报》2024年第5期。

具、充电线等应急物品，让小哥们在忙碌"奔跑"的同时，享受到全方位的关怀与便利，进而不断增强党在新兴领域的号召力、凝聚力、影响力，推动形成新就业群体与社区"双向奔赴"的基层治理新格局。再次，鼓励各区结合自身特色，定期举办睦邻文化活动，如 2024 年上海"国际家庭日"嘉年华暨闵行区"欢乐邻里节"活动启动仪式在华漕镇举行，本次活动通过丰富多样的活动形式，如亲子热力汇、百团我来赛、城市种草集、溜马路计划等，为社区居民提供了全方位参与互动的机会，增进了居民间的相互了解和情感联系。最后，搭建社区层面的情感交流平台。上海注重发挥居委会的枢纽作用，联动党员、楼组长、志愿骨干等，指导楼组居民开展自治活动和协商解决，实现楼组协商议事日常化，畅通居民交流表达的渠道，增进居民间的情感交流。

案例专栏:

睦邻社区，打破心灵隔阂

上海市杨浦区在睦邻社区建设中，以党建为引领，通过一系列创新实践，构建了一个包含不同层级的城市基层治理样本。从"睦邻门"到"睦邻街区"，再到"睦邻社区"，杨浦区从打通物理阻隔到重构情感联结，通过系统性治理创新消解了社区间的情感藩篱，生动诠释了人民城市理念下社区治理现代化的实践路径。

杨浦区始终坚持党建引领，强化基层党组织在社区治理中的领导作用，通过推进"睦邻党建"，搭建共建共治共享的交流平台，实现党组织间和多主体间的资源整合，推进社区居民间的良性互动。在具体实践中，杨浦区注重"破围墙、促融合"。一是拆除物理上的障碍，通过优化空间规划、拆除违建和美化社区环境，拉近居民的物理距离；二是通过举办"睦邻节""睦邻茶话会"等活动，打破心理上的隔阂，增进居民之间的交流和信任；三是拓展"睦邻空间"，在社区、校区、园区等区域内嵌入功能丰富的公共空间，如睦邻楼组、睦邻广场等，改善了居民的生活空间，为居民提供多元化的互动平台，推动邻里关系和谐发展。

"睦邻社区"建设通过生活环境品质跃升与社会支持网络重构的双向赋能，形成了"环境改善—网络强化—治理增效"的良性循环。居民在优质环境中获得归属感，在互动网络中形成凝聚力，最终转化为参与社区事务的行动力。这种"环境滋养身心—网络支撑社会—治理保障长效"的协同机制，不仅实现了从"居住空间"到"生活场景"的价值跃迁，更为新时代健康城市建设提供了治理新范式，彰显了中国式现代化进程中社区治理的温度与智慧。

案例来源：《新思想引领上海新实践》，
上海人民出版社 2023 年版，第 125—139 页。

第六章

引领智慧生活：创新高品质生活手段

自党的十九大以来，国家对建设网络强国、数字中国、智慧社会作出战略部署。加快数字中国建设，就是要适应我国发展新的历史方位，全面贯彻新发展理念，以信息化培育新动能，用新动能推动新发展，以新发展创造新辉煌。智慧城市建设便是其中一项重要任务。以更透彻感知、更广泛互联互通、更深入智能化为特征的智慧城市理念最初由国际商业机器公司（IBM）于 2008 年提出，其实质是寻找金融危机后的新经济增长点，并很快被世界各大城市作为推进经济发展方式转变、促进产业升级和振兴经济的重大战略。[1] 城市是推进数字中国建设的综合载体，而推进城市数字化转型、智慧化发展是面向未来构筑城市竞争新优势的关键之举，也是推动城市治理体系和治理能力现代化的必然要求。习近平总书记在致首届中国国际智能产业博览会的贺信中就明确指出了智慧创新与高品质生活的关系："中国高度重视创新驱动发展，坚定贯彻新发展理念，加快推进数字产业化、产业数字化，努力推动高质量发展、创造高品质生活。"2024 年 5 月，国家发展改革委、国家数据局等部门联合印发的《关于深化智慧城市发展 推进城市全域数字化转型的指导意见》中进一步指出，以数据融通、开发利用贯穿城市全域数字化转型建设，能够更好地服务于城市高质量发展、高效能治理、高品质生活，支撑发展新质生产力，推进

---

[1] 巫细波、杨再高：《智慧城市理念与未来城市发展》，《城市发展研究》2010 年第 11 期。

中国式现代化城市建设。总而言之，智慧创新是创造高品质生活的重要手段，智慧城市建设则是创造高品质生活的重中之重。[1]

智慧城市建设应该从哪些层面入手？在2015年12月20日的中央城市工作会议上，习近平总书记指出："深化城市改革，包括推进城市科技、文化等诸多领域改革。要优化创新创业生态链，让创新成为城市发展的主动力，特别是要把互联网、云计算等作为城市基础设施加以支持和布局，促进基础设施互联互通，释放城市发展新动能。要加快智慧城市建设，打破信息孤岛和数据分割，促进大数据、物联网、云计算等新一代信息技术与城市管理服务融合，提升城市治理和服务水平。要加强城市管理数字化平台建设和功能整合，建设综合性城市管理数据库，发展民生服务智慧应用，实现'科技让生活更美好'的目标。"由此可见，城市改革的重点在于智慧创新，主要涉及四个方面：一是基础设施建设方面，以智慧创新赋能城市基础设施建设；二是政务管理方面，以智慧方式为城市治理提质增效；三是产业发展方面，以智慧基底激活城市产业经济发展；四是民生服务方面，以智慧路径提升人民获得感、幸福感和安全感。习近平总书记的重要论述为智慧城市创设高品质生活指明了实践思路。

智慧生活是上海城市高品质生活的一大特色和亮点。随着物联网、大数据、云计算、人工智能等前沿技术的深度融合与广泛应用，上海智慧城市建设从概念走向现实，为城市治理与民生服务带来了革命性的变革。[2]上海在数字技术赋能高品质生活上成效显著。根据《中国城市数字竞争力指数报告（2023）》，上海以89.17的总得分排

---

[1] 李慧雯：《大数据背景下的国土空间规划和智慧城市建设探讨》，《房地产世界》2021年第16期。

[2] 文军：《以服务型城市治理创造高品质城市生活》，《文汇报》2024年11月12日。

名第一，与北京、深圳、广州、重庆、杭州等共同组成中国城市数字化转型的"引领梯队"。[1]《2023 年数字生活指数报告》中，上海市数字生活指数为 62.62，在 36 个大中城市中得分最高，其线上生活指数与数字消费指数表现均较好。[2]作为创新高品质生活手段的重要组成部分，上海着重推进智慧城市的普及式建设与人工智能的现实性应用，通过推进智慧基建建设与智慧政务应用、助力产业智慧转型与电子商务升级、升级智能社区系统与养老服务革新，为智慧城市赋能高品质生活提供了上海样板。

一、推进智慧基建建设与智慧政务应用

在推动上海高品质生活的过程中，智慧基建建设与智慧政务应用是不可或缺的组成部分。智慧城市不仅是技术创新的产物，更是提升城市治理效率、优化公共服务、改善民生福祉的重要途径。随着信息技术的飞速发展，上海积极推动大数据、人工智能、物联网等技术在城市管理中的应用，以提高城市的智能化水平，实现资源的高效配置和精准管理。在这一过程中，智慧政务作为智慧城市的重要组成部分，发挥着至关重要的作用。通过数字化平台的构建和政府服务的线上化推进，智慧政务能够让市民享受更加便捷、高效的政务服务，同时增强政府的透明度和公信力。随着技术的不断进步和应用场景的拓展，上海的智慧城市建设将不仅仅是一个技术系统的升级，更是社会治理模式、公共服务体系和市民生活质量的全面提升，从而推动上海

---

[1] 俱鹤飞：《一把标尺衡量中国 32 个重点城市，上海排名第一》，载上观新闻，2023 年 11 月 13 日。

[2]《2023 年数字生活指数报告》，载"智慧足迹大数据"微信公众号，2023 年 11 月 16 日。

在实现高品质生活的目标过程中迈出更加坚实的步伐。

（一）普惠化智慧生活：推动智能技术的全民共享

2023 年 12 月，习近平总书记在上海考察时指出，要全面践行人民城市理念，努力走出一条中国特色超大城市治理现代化的新路。在"人民城市人民建、人民城市为人民"的重要理念引领下，上海的智慧城市建设始终以提升人民的幸福感、获得感、满足感为价值取向，通过推进智能技术的全民共享为民众提供高品质生活服务，打造便民惠民的智慧生活服务体系。

第一，推进交通服务的智慧化建设，打造多位一体的智慧交通体系。世界各国和政府组织纷纷提出依赖互联网和信息技术来改变城市未来发展蓝图的计划，智慧城市的概念正被人们所熟知和接受，智能交通运输系统作为其不可或缺的一部分也备受关注。[1] 现阶段，上海已基本建成集道路交通、公共交通、对外交通、慢行交通、综合交通为一体的智能交通系统架构和集道路交通综合信息服务、交通信息服务、公共停车信息服务为一体的交通信息化应用框架，交通网络交汇衔接紧密，交通节点枢纽功能强大，交通信息也实现了全要素数字化采集。在智慧交通创新方面，上海运用大数据、边缘计算、人工智能、数字孪生等信息技术赋能交通建设，先后推动智慧高速公路、智能收费站、全自动无人驾驶地铁、自动驾驶运营公交、智慧车库等建设项目，以智慧技术创新为民众基本生活质量的提升贡献力量。上海在城市交通管理上也实现了精细化管理、辅助决策智能化以及信息服务人性化等方面的突破。通过交通信息的全要素数字化采集与分析，上海的交通安全管理水平不断提高，交通拥堵和事故发生率得到有效

---

[1] 张轮、杨文臣、张孟：《智能交通与智慧城市》，《科学》2014 年第 1 期。

控制。此外，上海还通过人性化的信息服务，为市民提供了更加贴心、便捷的交通出行体验。这些努力共同为上海的高品质生活提供了坚实的交通保障。

第二，实现医疗服务的数字化赋能，打造集个性化、功能化和智慧化为一体的现代医疗服务体系。正式医疗服务建设方面，上海公立医疗机构全面打造"5G＋数字孪生智慧医疗生态圈"。复旦大学附属中山医院、上海市胸科医院、上海市东方医院等基于人工智能的导诊和（或）预问诊、互联网医院多学科会诊、一键式病案服务、云陪诊、云胶片、云客服、云档案、云管理、云评价、医保电子处方在定点医药机构间流转和医保结算和（或）入驻随申办的互联网医院专区服务等数字化转型的应用场景，大大便利患者就医。[1]通过优化资源配置和智能化管理，上海成功打造高品质的医疗生态圈，为患者提供更加优质、安全的医疗服务。日常医疗服务建设方面，上海将智慧医疗服务嵌入生活盒子，在街道层面建成智慧卫生服务站，站内不仅开设智慧健康驿站为民众提供智能健康数据评估服务，还提供"全专云"视频远程联合诊疗服务。生活盒子作为社区生活的重要组成部分，其便捷性和可达性为智慧医疗服务的推广提供了有力支撑。通过智慧医疗服务的嵌入，上海成功地将医疗服务延伸至社区层面，实现医疗资源的优化配置和高效利用，居民的日常健康服务有效实现数字化转型，具备智能、高效、便利等现代化发展特征。同时，医疗卫生信息化改革不断推进，基本建立以3000余万份动态电子健康档案为基础、市区两级卫生综合管理平台为支撑的卫生信息化应用框架。动态的数字信息更新反映民众健康状况的最新变化，在

---

[1]　陈静：《上海公立医疗机构全面打造"5G＋数字孪生智慧医疗生态圈"》，载中国新闻网，2024年5月31日。

健康数据支持下有助于提升医疗服务的精准性和个性化水平。2023年，上海市级医院互联网总平台发布了2022年度便民服务大数据分析报告显示，上海市级医院互联网总平台涵盖全市37家市级医院，在线医生18532名，累计提供1.12亿人次服务，现有注册用户1214万。全市市级医院均获得互联网医院执业许可，共开设287个互联网医院诊疗项目，有6048名医生在互联网医院提供线上诊疗和咨询服务。2022年，上海市级医院互联网总平台提供预约服务460万次，平均单笔预约完成时间14秒，人均预约1.86次。[1]

第三，推进社区设施的智能化建设，实现数字监控下的生活安全保障。智能技术的生活化融入是民众获得高品质生活的重要保障。上海智慧社区沿着安防建设和社区服务两大方向推进，通过布局ICT基础设施，逐渐建成了基于信息和数据分析的智能管理及服务系统。一方面，上海自2024年7月1日起实施地方标准《消防设施物联网系统运行平台数据传输导则》，将智慧消防建设纳入"一网统管"城市运行体系，持续探索打造"互联网＋消防"社区消防管理云平台。与此同时，上海还利用物联网技术，实现了对社区内各类前端智能感知设备的联通，如消防栓压力感知系统、智能井盖监测等，这些设备能够实时感知社区内的安全风险隐患，并自动开展碰撞比对和分析评估，实现了风险隐患的自检自查、自动预警、实时推送。另一方面，上海积极推行社区智能化管理系统，安装门禁控制系统、智能停车系统等设施，建设以大数据智能应用为核心的"智能安防社区系统"，形成了公安、综治、街道、物业多方联合的立体化社区防控体系。上海还构建了基于GIS地理信息系统的立体化防控平台，整合了

---

[1]《2022年度上海市级医院互联网总平台便民服务大数据分析报告》，载"上海市级医院互联网总平台"微信公众号，2023年3月22日。

社区公共监控、小区监控、人脸卡口、车辆卡口等系统，实现了对社区内人、车、物的全方位、全时段监控。此外，上海持续推进"AI＋社区"示范项目，积极推动社区智慧能源设施建设、社区智慧早餐工程、社区智能末端配送等落地应用。

（二）协同化智慧政务：推进数字联动的治理升级

数字技术的广泛应用意味着社会治理模式也正在经历着前所未有的变革。习近平总书记于 2018 年 10 月 31 日十九届中央政治局第九次集体学习时指出："要加强人工智能同社会治理的结合，开发适用于政府服务和决策的人工智能系统，加强政务信息资源整合和公共需求精准预测，推进智慧城市建设，促进人工智能在公共安全领域的深度应用，加强生态领域人工智能运用，运用人工智能提高公共服务和社会治理水平。"上海积极响应建设"数字中国"的号召，不断探索和实践精细化智慧治理的新路径。近年来，上海市政府出台了一系列政策文件，如《上海城市管理精细化三年行动计划（2024—2026年）》《上海市城市管理精细化"十四五"规划》等，旨在通过创新数字赋能的管理模式，推动城市管理向更高水平迈进。在数字赋能的技术支持下，上海走出了一条特色治理道路。

一是数字化赋能公民参与，走基层参与的智慧道路。公民参与是建设人民城市的必然途径，也是基层治理的核心要义。时空要素限制下，民众参与在基层治理中缺乏应有的广度与深度。数字技术给基层治理中的公民参与提供了创新路径。上海建立"市民云"平台，为民众提供在线查询服务，用户超 1000 万名，是全国首个千万级政府公共服务类 App，内容涉及社会保障、养老助老、婚育婴幼、交通旅游等多个方面，为民主参与提供信息基础。一方面，"市民云"平台通过提供全面的在线查询服务，极大地提升了政府信息的透明度。市民可以随时随地通过手机或电脑查询自己关心的政策和服务信息，无需再到政府部门或窗口咨询，大大节省了时间和精力。另一方面，平台的建立也增强了民众的参与度，市民可以通过平台了解政府的工作动态和政策走向，对政府的决策提出意见和建议。同时，政府也可以通过平台收集民众的意见和需求，为制定更加符合民意的政策提供依据。在具体参与实践中，"市民云"平台创新性开辟"数字民意直通车""在线投票平台""在线民意调查"等在线参与通道，同时设置在线议事厅，就公共政策开展线上"屏对屏"交流讨论，人民群众关心的垃圾分类、小区停车和文明养宠等事务也依次进入基层民主治理事项。数字技术支持下的基层民众参与有效破解了基层公民参与的时空限制门槛。本质上，"市民云"平台促进的是政府与民众之间的互动。政府可以通过平台发布最新的政策信息和服务动态，市民则可以通过平台反馈自己的意见和建议。这种双向互动不仅有助于提升政府的治理效能，也有助于增强民众对政府的信任和支持。

二是数字化赋能协同政务，走基层政务的智慧道路。上海积极探索基层政务一体化智慧系统体系建设，以实现上下协同、业务联动的全流程治理。2019 年，上海率先探索以"一张网"形式为城市运行管理服务，并提出了"一屏观天下，一网管全城"的目标。同年 11 月，上海正式将"一网统管"定位为城市治理的"牛鼻子"。[1]"一网通办"是上海数字化赋能协同政务的典型代表。上海一网通办政务服务平台以"政务"为核心，包含上海人社业务自助经办平台、员工就业与参保登记、开办企业"一窗通"、上海公共资源交易平台、养老金查询等服务。"一网统管"在上海、区、街镇三级打造平战一体、双向

---

[1] 王文跃、谢飞龙、郭庆东：《城市运行"一网统管"建设关键问题研究》，《通信世界》2023 年第 22 期。

协同的"1 + 16 + 16 + 215"融合指挥体系（1 个市级指挥平台、防汛防台等 16 个市级专项指挥平台、16 个区级指挥平台和 215 个街镇指挥平台）和"一线管战、市级管援"平台化运作机制，显著提升城市运行管理和突发事件处置效率。[1]"一网通办"在三个方面发挥效用：第一，打破部门壁垒，实现信息共享。"一网通办"平台通过整合政府各部门资源，打破了部门之间的信息壁垒，实现了信息共享。居民和企业无需再到多个部门分别办理手续，只需在一个平台上即可完成所有相关事务的办理，大大提高了办事效率。第二，优化办事流程，提升服务效能。平台通过优化办事流程，减少了不必要的环节和证明材料，提高了服务效能。例如，通过"两个免于提交"政策，即政府部门核发的材料和能够提供电子证照的，原则上一律免于提交实体证照，进一步简化了办事流程。第三，推动政务服务创新，提升公众满意度。"一网通办"平台不仅提供了便捷的在线服务，还推动了政务服务的创新。例如，通过引入人工智能、大数据等技术，平台能够智能推荐服务事项、预测办事需求，为市民和企业提供更加个性化、智能化的服务。这些创新举措极大地提升了公众的满意度和获得感。"一网通办"以创新优势入选了联合国全球电子政务经典案例，是上海以智慧政务为代表创设高品质生活的典型案例。在具体实践中，作为国家"互联网 + 政务服务"示范区、上海"一网统管"先行区，上海市徐汇区在治理理念、运营模式、创新场景、标准规范等方面进行积极探索，创新性提出"City4one"智慧政务发展模式。其中，"Data4everyone"旨在实现"数据惠及'每一个人'"，通过打通部门数据壁垒，提供数据汇聚、数据治理、数据分析和数据共享开放等多种数据服

[1]　朱奕奕：《上海"两张网"建设获评全球智慧城市数字化转型最佳案例》，载澎湃新闻，2023 年 10 月 12 日。

务；"Ai4anyone"旨在实现"算法赋能服务'所有人'"，通过集成算法超级工厂，智能优化感知、预测、推理、决策、推荐等功能，提供智能化、人性化服务；"Service4someone"旨在实现"精准服务'特定人群对象'"，面向大平安、大建管、大市场、大民生"四大支柱"应用场景，提供标准化、模块化、精准化的政务服务和城市治理。三个维度，立足"city"，政府端与个人端一一对应、供需对接、融合贯通。[1]

　　三是数字化赋能治理服务，走基层服务的智慧道路。人工智能的社区治理服务融入使基层治理服务走向精细化、智能化和高效化。上海不断创新人工智能数字化服务的应用场景，推出"数字居委会"品牌项目，不仅开发了"微格分色"场景应用，分色分类分清轻重缓急，还建立了专题分析数据看板，基于回流数据科学配置服务力量。这一举措彰显了上海在数字化转型方面的前瞻性和创新性，通过人工智能技术提升了社区治理的智能化水平，为居民提供了更加便捷、高效的服务，是城市数字化转型的典范。更重要的是，上海积极提升应用人员素养，并以科技手段赋能人才培育。2024 年 7 月，由普陀区委办公室牵头，区委社会工作部、区委组织部、区数据局、长寿路街道、大上海城市花园居民区共同搭建了"数字居委会"建设专班，聚焦"纸质审批流转"这一关键顽瘴痼疾，就"数字居委会"建设中深化数字协同功能正式开启试点创新改革项目。[2]小助手以居民区百事能工作指导手册、社区治理场景案例集为训练内容形成知识模型，集掌上知识库、智慧"走四百"、工作小助手及数据会说话等功能于一

[1] 宋开成：《上海：徐汇区创新智慧政务发展模式》，《中国信息界》2021 年第 1 期。
[2] 陈斯斯：《数字赋能基层减负增能，上海普陀搭建"数字居委会"助力社区事务流程优化再造》，载澎湃新闻，2024 年 9 月 10 日。

体，轻松实现"一键找政策、一问搜方案、一表做总结"，帮助社工从"小白"迅速化身"全岗通"，以便为基层民众提供更加专业的工作服务。据介绍，普陀数字居委会的建设，除了聚焦"社工—居村—街镇"需要报批相关事项，实现线上流转、一网协同的"数字协同"维度，还将专注"数字服务""数字管理"两个维度持续深化改革。其中"数字服务"重点围绕走访服务、志愿服务、活动服务、民生服务四个场景打造；"数字管理"重点围绕打通小区管理多系统平台信息，实现一屏管小区、一库统全网。[1] 在上海推行的片区治理中，也不断强化数字赋能。不仅建立健全片区"智能发现、智能指挥、智能处置"在线闭环流程，而且还依靠数字技术形成了一套科学的风险评估机制。在大数据分析技术的加持下，加之结合社会发展趋势、公共利益维护和社会矛盾状况进行综合判断，片区工作人员能够对特定时间节点所要解决的任务作出轻重缓急的应对，大大提升了治理效率。[2]

总之，上海积极推动各类应用场景从"建起来"到"用起来"，让基层愿用、会用、真用基层治理数字工具，最终实现"使用—反馈—优化"良性循环，从治理端入手为民众创设高品质生活条件。当然我们也要看到数字治理可能给基层工作者带来的负担，并在此基础通过数字治理体制机制的完善落实、内生性治理平台的建造与应用、数字人才吸纳与数字素养提升等行动弥合技术赋能与技术缚能之间的现实张力。[3]

———————————

［1］ 丁婉星：《深化数字协同功能，普陀区数字居委会为基层减负解好"关键项"》，载上观新闻，2024 年 10 月 8 日。

［2］ 文军、杜婧怡：《结构洞理论视角下城市片区治理的行动逻辑及其反思——基于上海市 F 街道的实践考察》，《河北学刊》2024 年第 1 期。

［3］ 文军、高芸：《技术与组织互构：基层治理者的数字负担及其应对——基于上海市 X 街道数字治理平台的案例研究》，《理论与改革》2024 年第 3 期。

二、助力产业智慧转型与电子商务升级

在上海推进高品质生活的过程中，产业智慧转型与电子商务升级扮演着至关重要的角色。随着全球经济的数字化转型，传统产业面临着前所未有的机遇与挑战，智慧化与数字化已成为提升产业竞争力和推动经济高质量发展的核心动力。上海通过加速产业数字化转型，推动制造业与服务业的智能化升级，不仅提升了产业链的效率和可持续发展能力，也为消费者带来了更加个性化、便捷的服务体验。同时，电子商务的升级也在这一进程中起到了催化作用。借助大数据、云计算、人工智能等先进技术，上海的电子商务平台不断优化供应链管理、提升服务质量，并深度融合线上与线下的消费场景，推动零售、物流、金融等多个行业的跨界融合和创新发展。产业智慧转型与电子商务升级的紧密结合，不仅加速了上海经济结构的优化，也极大提升了居民的生活便利性和幸福感，为上海实现高品质生活的目标提供了强大动力。

（一）智能驱动：以智慧经济赋能高端生活

上海作为中国经济的领军城市，其经济发展不仅构筑了高品质生活的坚实基础，更是创新驱动发展战略的杰出典范。在智能化、数字化浪潮席卷全球的今天，上海积极应对挑战，主动转变发展思维，致力于融合创新经济体系，推动现代化进程。通过深入实施创新驱动发展战略，上海成功实现以数据为关键生产要素的现代经济体系构建，以高端产业发展赋能民众生活。总而言之，上海在经济发展的智慧转型上，展现出了前瞻性的战略眼光与强大的执行力，其"智造力"已成为驱动上海经济高质量发展的关键因素。更重要的是，智慧经济始

终坚持"以人为本"的发展理念，通过个性化、便捷化的消费服务体验，为消费者带来更加有品质的生活。

一方面，加快催生数字经济新业态，以人工智能全方位赋能民众生活。上海积极发挥人工智能产业"头雁"效应，打造具有全球影响力的人工智能产业集群。面对智能化、数字化的浪潮，上海积极拥抱变革，深度融合科技创新与实体经济，培育了一大批数字经济、智能制造、生命健康等新兴产业，促进形成新的经济增长点。截至2024年6月，上海已有34款大模型通过备案[1]，通过在医疗、金融、商贸、文娱、教育等垂直领域的深耕，上海已经实现了人工智能在制造业、金融、具身智能机器人等领域的应用，以人工智能产业为纽带的新业态给上海甚至中国带来了巨大的发展动力。现阶段，上海人工智能产业规上企业从2018年的183家增长到2023年的348家，产业规模从1340亿元增长到超3800亿元，居全国前列。[2]随着大模型技术的广泛应用，上海在人工智能领域的全方位赋能不仅带来了产业和治理的深刻变革，更深刻地影响了市民生活的方方面面。首先，人工智能赋能产业升级，不仅提升了生产效率或创造新的经济增长点，它更为深刻地引领了产业形态和社会结构的转型，促进了新的社会就业机会的创造，推动了社会的多元化发展。其次，新兴产业的发展为促进传统服务方式转型提供契机，使人民能够享受更加个性化、智能化的生活体验。更重要的是，这些变化不仅提高了民众的生活质量，也在潜移默化中促进社会公平和增强社会包容性。

[1]　王春：《加快发展新质生产力，上海推动大模型赋能千行百业》，《科技日报》2024年6月21日。

[2]　张懿：《世界人工智能大会今开幕：上海如何勾画AI高地崛起的陡峭曲线》，《文汇报》2024年7月4日。

另一方面，以数字智能技术赋能传统产业模式，催生定制化与个性化服务。上海以数字智能技术赋能传统制造业作用于以下三个方面：一是产品制作自动化，即将大数据、人工智能等技术应用于制造环节，助力产品制造的自动化工艺流程，大大降低产品制造误差。如上汽集团通过结合人工智能图像识别技术和生产订单数据，显著降低了产品质量缺陷的风险。二是流程控制智能化，即实现物联网（IoT）、云计算等技术的过程性覆盖，实现生产设备的远程监控和智能调度，实时调整生产参数，优化生产流程。如宝钢股份引入 AI 主操系统，一旦预测到参数变化，系统会立即向相关控制系统发送调整指令，确保生产过程的稳定性和效率。三是全业务链条数字化，即将数字化技术应用于制造产业业务全流程，构建包含"智工艺、智生产、智物流、智品质、智运营"在内的应用生态圈，实现人、机、料、法、环、测系统互联互通，实现全业务链的数字化运作。这一举措显著提升生产效率和产品质量，同时大幅增强供应链的透明度与灵活性，为制造业的转型升级树立新的标杆。数字智能技术确保设备运行在最佳状态，并根据实时数据自动调整生产参数，减少甚至消除生产中的波动和不确定性，从而确保产品质量的稳定性和一致性。对于消费者来说，他们能够获得更高质量、性能稳定、可靠耐用的产品，进而提升日常生活的使用体验。更重要的是，智能化技术的深度融入使得生产过程更加灵活和精准，企业能够根据消费者的具体需求实时调整生产参数，从而推动产品的定制化与个性化发展，有效满足消费者日益多样化和个性化的消费需求，显著提升其生活品质与个性化消费体验。

（二）平台升级：以电子商务助力便捷生活

《2022 年全市数字商务工作要点》文件中强调："健全数字零售设施布局，构建高效、快速、柔性的城市电商配送体系，提高电商消费末端配送智能化、共享化、绿色化、标准化水平。"这一体系旨在提升电商消费末端配送的智能化、共享化、绿色化以及标准化水平，为居民提供更加便捷、高效的购物体验。作为打造高品质生活的智慧助手，电子商务的社区融入越来越成为城市发展的亮点。特别是在电子商务发展迅猛的上海，更是抓住了电子商务赋能社区服务与便捷生活的关键机遇。上海从电子商务的日常化融入、电子商务的合作式改造以及电子商务的链条化建设三大层面入手，着手构建电子商务社区融入的全国示范标杆。

一是推进电子商务的日常化融入。上海尤其关注电子商务的日常生活融入，从政策指引到实体行动都走在全国前列。马当菜场是上海智慧菜场建设的标杆，其智慧之处不仅在于电子化交易的普及，更重要的是它能够惠及多方主体：对消费者而言，他们可以自主获取交易菜品信息，了解菜品的来源、价格等关键信息，从而作出更加明智的购买决策，菜品追踪溯源功能也保障了消费者的食品安全，增强了消费者的信任感；对于经营商家而言，智慧菜场提供了实时追踪交易数据的功能，使得商家能够及时了解销售情况，调整进货策略，优化库存管理，从而提高经营效率。这种数据驱动的决策方式有助于商家更好地适应市场需求，提升竞争力；对于菜场管理人员而言，智慧菜场提供了实时监管菜场运营情况和数据的能力，使得管理人员能够及时发现并处理运营中的问题，保障制度运行的有效性和市场运营的公平性。截至2024年8月，全市已有78家标准化菜市场初步完成升级改造[1]，居民们能够在日常生活中深刻体验数字赋能电子商务的成效。上海智慧菜场的建设及其成功应用，深刻展示了数字化技术如何从根

---

[1]《广评议　集众智　聚共识！"开门办实事"，共商标准化菜市场升级改造》，载新浪财经，2024年8月23日。

本上提升民众生活品质。智慧菜场通过信息化、智能化手段，不仅仅是提升了购物的便利性和效率，更重要的是，它通过优化食品流通和消费模式，实质性地改善了民众的日常生活质量，并推动了整体社会的生活水平向更高层次迈进。在早餐工程建设方面，政府联动全家（FamilyMart）、老盛兴汤包、大富贵等商家，并积极开拓在线配送、网订柜取、自主购买等多种途径。以全家为例，上海范围内全家早餐门店均增设"网订店取"功能，有效破解了早餐排队难题。通过优化购物流程、提升早餐获取的便利性和选择性，有效提升了民众的日常生活质量。这一改革不仅帮助民众节省时间、增加选择，还推动健康饮食的普及，为提升民众整体生活品质、实现高效便捷的城市生活提供有力支撑。总而言之，电子商务的日常化融入是上海促进生活高品质发展的重中之重。

二是开展本地即时电子商务的合作式改造。饿了么《本地即时电商发展报告》指出，在电商发展速度方面，上海即时零售市场同比增长超过50%，不仅显著高于2022年全国网上零售额4%的同比增速，也大大高于长三角地区的即时零售平均增速。上海市民从"送外卖"到"送万物"的消费趋势变迁显著，成为电商新旧动能转换的关键驱动要素，上海成为全国即时电商"高地"。借此机会，上海积极创新本地即时电子商务发展模式，开展本地即时电子商务的合作式改造。[1]第四届上海数字创新大会"数字＋生活"分论坛上，饿了么与普陀区曹杨新村街道共同打造的"阳光社区"项目正式发布上线，先后开发出线上菜场、线上街区、线上公益、线上为老助餐四大应用场景，不仅深度推进电子商务的盈利空间和公益内涵，同样助推着民众

---

[1] 徐晶卉：《饿了么〈本地即时电商发展报告〉：上海成为全国即时电商"高地"》，《文汇报》2023年4月1日。

生活发展模式的变革。如在饿了么平台支持下，阳光社区助老餐厅支持"线上点单、送餐到家"，订单量以每周 20% 至 30% 的涨幅稳步上升；饿了么为菜场转型提供了平台支持，阳光菜场项目于饿了么平台上线，极具生活气息的菜场从线下转移到线上，三个月内菜场的客流量上升了 10%，整体销售量提升 15%，线上月销量达 1000 单，通过"共享供应链＋社区前置仓＋即时履约服务"能力整合，饿了么助力社区菜场成为线上线下一体化的市民生鲜主渠道[1]；乘"五五购物节"之机，桂巷坊步行街在饿了么平台开辟现实数字集市"你好潮杨·邻里生活节会场"，为民众带来便捷的线上购物体验。[2] 总而言之，电子商务的合作式改造是城市数字化转型的成功实践，它不仅优化了民众的购物流程，还展现出电子商务与社区生活融合的巨大潜力，为传统市场和社区服务注入新的活力。这种数字化、智能化的服务体现出数字经济的强大潜力，提升了城市生活的便利性和效率，为实现更加智慧、便捷的城市生活提供了有力支持。这一范例为其他城市提供了可以借鉴的路径，有助于推动全国范围内的电子商务与社区生活深度融合，是获得便捷生活的重要行动举措。

三是落实电子商务的链条化建设。实际上，上海电子商务的社区服务融入是通过一项又一项的过程节点联动运作实现的。第一步是打造社区服务资源主体清单。通过对社区内部政府、在地商户、在线商户、日常居民等主体的需求与资源评估，各类主体不仅能够更好地了解彼此的需求和资源，进而形成合力，共同推动社区数字生活服务的

---

[1]《推出更多数字化生活新场景！"数字＋生活"分论坛举行》，载人民网，2024 年 5 月16 日。

[2]《"数字＋生活"能带来多少"惊喜"？来上海最老工人新村看看吧》，载人民网，2024年 6 月 13 日。

发展，更能够准确地把握社区数字生活服务转型的方向和重点，从而制定出更加符合实际、切实可行的政策和措施。第二步以"一刻钟便民生活圈"为指引。这一理念旨在通过优化社区商业布局，提高居民生活便利性，构建更加宜居的社区环境。具体实践中，政府积极吸引本地商户、企业、商场加入社区电子商务运作项目，科学组建在线商户联盟。这一举措不仅丰富了社区商业生态，还促进了线上线下商业模式的深度融合，为民众提供全面且多样的生活物品供给服务。最重要的是对电子商务的实体运作模式的整合与开发，如围绕实体商户开展上门服务、围绕在线商户提供限时配送服务、以民众为中心开展团购服务等等，服务类型与服务方式的适度匹配，有效拉近了商户与民众的距离，让民众在获得便捷服务的同时也为商家沉淀了更多的数字化用户。总而言之，电子商务的社区融入是一个双赢乃至多赢的变革过程。它通过构建民众与商户双获益的运作机制，不仅为民众带来前所未有的生活便利与多样性，也为商户拓展市场与商机，促进其持续发展。随着社区治理的深化，这一融入过程更为政府创新治理模式提供了新契机，使政府能借由电子商务平台的数据洞察民众需求，制定精准政策，进而促进社区的繁荣

图 6-1　你好潮杨！邻里生活节

与稳定。因此，数字化技术不仅是一种经济手段，更是提升赋能民众生活、提升社会福利、推动社会进步的重要动力，展现了数字经济在高品质生活实践中的关键作用。

三、升级智能社区系统与养老服务革新

2018年10月31日，习近平在十九届中央政治局第九次集体学习时明确指出："要加强人工智能同保障和改善民生的结合，从保障和改善民生、为人民创造美好生活的需要出发，推动人工智能在人们日常工作、学习、生活中的深度运用，创造更加智能的工作方式和生活方式。要抓住民生领域的突出矛盾和难点，加强人工智能在教育、医疗卫生、体育、住房、交通、助残养老、家政服务等领域的深度应用，创新智能服务体系。"智慧手段的日常式覆盖成为改善民生保障、创设美好生活的关键。在上海追求高品质生活的进程中，升级智能社区物业系统与养老服务革新是提升城市宜居性和满足多元化需求的关键举措。随着科技的不断进步和人口结构的变化，传统的社区管理和物业服务已无法满足现代城市居民，尤其是老年群体的需求。因此，上海积极推动智能社区物业系统的升级，通过引入先进的物联网、大数据、人工智能等技术，打造更为智能化、精细化的社区服务体系。从智能监控、物业管理、环境控制到居民互动平台，智能社区物业系统的优化不仅提升了社区管理的效率，也大大改善了居民的生活体验，尤其在老年人日常生活中，技术的应用为他们提供了更为安全、便捷的生活环境。与此同时，随着老龄化问题的日益严峻，养老服务的创新尤为重要。上海通过引领"智慧养老"模式，借助智能硬件和数据分析，提升对老年人健康状况的监测和干预能力，同时推动

社区、医疗、社工等多方资源的融合，为老年人提供更加个性化、全方位的关怀与服务。这种智慧化的物业服务与养老服务革新，不仅为老年群体创造了更加舒适和安全的生活环境，也为所有市民带来更加便捷和优质的社区体验，进一步推动上海高品质生活的实现。

（一）赋能物业服务：安全为基的数字化管理变革

作为城市不可或缺的基本组成单元，社区的发展状况直接关乎整个城市的繁荣与进步。在当今社会，随着信息技术的飞速发展和智慧城市理念的深入人心，智慧社区的建设也日益成为推动城市现代化转型的关键一环。在此过程中，物业作为社区管理的重要主体，其角色与功能显得尤为重要，智慧社区的建设自然也将物业的智能化转型作为核心关切。回顾全国物业治理的发展历程，不难发现，上海始终走在全国的前列。上海自 2002 年起开展物业管理信息化平台建设。作为全国最早一批开始数字化建设的城市，上海物业管理信息化从建设商品住宅维修资金管理系统和开通全国首条物业管理市民热线 962121 起步，逐步进化到当前"智慧物业大脑"和小区健康度体征画像，不断以数字化的"绣花"功夫细化城市治理精度，提升管理和服务效能，并且提炼出以"三目标，一生态"为代表的创新物管模式，以全面践行"人民城市人民建、人民城市为人民"重要理念。[1] 面对新时代的要求与挑战，上海不仅保持了其在物业治理领域的领先地位，还积极引领社区物业的数字化改革浪潮。智慧物业的建设不仅极大地丰富了社区精细治理的内涵与外延，还为居民带来了更加便捷、高效、舒适的生活体验，使他们能够真正享受到共建共治共享的高品质社区生活。现实实践来看，上海主要是通过以下两种途径开展智慧物业建设行动的。

---

[1] 张茜：《新时代数字化转型背景下物业管理与社区治理融合发展的思考与实践——基于上海"三目标，一生态"创新物业管理模式》，《上海房地》2023 年第 3 期。

　　一方面，上海积极聚焦实体建设，把控智慧物业的本土化建设基调。从历时性视角来看，上海物业已经走过了二十多年的探索进程，而立足于超大城市治理背景下的物业发展经验尤其是对智慧物业的现实探索，是其他地区物业信息化的重要价值参照。整体架构上，上海物业创造性地发展出"三目标（实现住宅小区客体、主体、行为数字化，实现数据融合、业务联动和管理闭环，实现智能预警、实时监测、数据赋能）—生态（构筑以住宅小区为核心的开放、可演进、自适应发展的智慧生态体系）"的建设原则，推进上海智慧物业发展从数据整合层的业务系统建设阶段上升到数据治理层的物业信息数据库阶段，最终达到数据挖掘层的小区健康度画像阶段。应用系统上，上海借助物业信息化转型的趋势建立多层次数字平台，通过海量数据整合描绘物业治理画像，实现物业治理的动态监控与及时介入。2002年商品住宅维修资金管理系统和全国首个物业管理市民热线962112开通后，上海陆续建设其他数字物业管理系统和管理平台，包括公房管理系统、物业管理监管和服务平台、应急指挥系统、上海物业App、上海住宅物业网等等，基本实现物业治理的场景全覆盖。建设逻辑上，上海创新性地将"全周期管理"理念融入智慧物业生态培育的过程中，实现了从前期预判到中期应对执行再到后期复盘总结的智慧物业全周期管理闭环。这一创新模式不仅显著提升物业管理的效率和质量，为社区居民营造一个更加安全、舒适、高效的居住环境，同时也为其他城市在智慧物业建设方面提供宝贵的经验和启示，树立了智慧城市建设的新标杆。数字技术支持下，物业治理主体职责边界更加清晰、治理层级系统更加联动、治理主客体关系更加协调，环环紧扣、协同合作、权责一致、运转有序的智慧物业治理生态稳定成型。2013年，上海物业管理事务中心与支付宝联合打造，由博彦科技提供技术支撑的"上海物业"支付宝小程序上线，为全市 2500 万居民、3000余家物业服务企业和从业人员提供"一键查询""一键报修"等 24 小时不打烊在线物业服务。[1]

另一方面，上海有力拓宽学术视野，实现智慧物业的本土化知识共享。作为现代化大都市，以学术视野谋划国家建设合作"大网络"是上海一直以来的目标。为了促进智慧物业的行业交融与知识更新，上海物博会连续多年围绕智慧物业举办论坛，如 2023 年举办"上海物博会智慧物业管理分论坛：城市数字化转型中的智慧物业"，2024年举办"中国（上海）智慧物业管理论坛：数字经济下的好房子与好服务"。知识与思维的碰撞促成了智慧物业知识的更新与再造。论坛中多位物业行业专家领导围绕智慧物业的数字化转型模式探索、智慧物业的数字化变革挑战等内容进行探讨，共同探讨行业的可持续发展之道。此外，上海将国际化视野融入智慧物业领域，通过举办国际智慧物业展览会汇聚全球智慧物业行业的创新产品、技术、解决方案及商业合作模式，为促进国外先进智慧物业知识的本土再造以及中国先进智慧物业经验的国际化展演提供平台支撑。上海物业管理行业协会也积极发挥知识链接与知识共享的组织作用，邀请全国各省市出色的物业管理协会领导和国内外的行业专家、企业领袖等共同探讨物业管理行业最前沿的思考与实践。总而言之，上海的智慧物业领域不断拓宽学术视野和促进知识共享，为本土智慧物业的数字化转型和创新应用提供重要平台。在此基础上，上海市在物业发展领域持续进行优化与创新，有效推动了智慧物业管理的精细化与智能化发展。不仅在提升物业管理效率和居民满意度方面取得了显著成效，也为实现更高质

［1］ 杨玉红：《"上海物业"支付宝小程序上线　物业在线服务 24 小时不打烊》，《新民晚报》2023 年 11 月 4 日。

量的城市生活提供了有力保障。

（二）升级养老服务：人本至上的技术化关怀提升

上海已经进入深度老龄化阶段。截至 2023 年末，上海市户籍总人口为 1519.47 万人，其中 60 岁及以上的老年人口达到了 568.05 万人，占总人口的 37.4%。65 岁及以上的老年人口为 437.92 万人，占比 28.8%，而 80 岁及以上的高龄老年人口则有 81.64 万人，占比 5.4%。[1] 在社会数字化转型过程中，智慧养老的出现是一个必然趋势，其把准了历史发展的脉络、顺应了时代发展的潮流、引领了养老发展的革新，有效地缓解了养老压力，减少了社会养老冲突，成为国内外应对养老风险的有效选择。[2] 2021 年 9 月，上海发布《上海市养老服务发展"十四五"规划》，明确指出人工智能、5G、物联网、云计算、大数据等新一代信息技术手段的深化应用是推动养老服务管理机制、服务方式等积极创新和转型的有力助手。为打造高品质的养老服务，就需要着眼于提质求精，按照抬高底部、整体提质的思路，聚焦"人"（专业人员）、"技"（科技手段）、"物"（辅具应用）、"医"（医养结合）、"康"（康养结合）等方面，提升养老服务能级，实现养老服务从"有"到"优"。从实践成效来看，上海在数字赋能养老服务升级方面取得了显著成果，开辟出一条具有示范意义和可参照性的路径。通过运用现代信息技术手段，上海不仅提升了养老服务的智能化水平，还增强了养老服务的便捷性和可及性，有效满足了老年人的多样化需求。这一路径的成功实践，为全国其他地区推进养老服务数字化转型提供了宝贵的经验和借鉴。

---

[1] 上海市民政局：《2023 年上海市老年人口、老龄事业和养老服务工作综合统计信息发布！》，载上海市民政局网站，2024 年 7 月 6 日。

[2] 文军、刘清：《智慧养老的不确定性风险及其应对策略》，《江淮论坛》2024 年第 5 期。

养老院养老模式是较为传统的养老模式，以养老院为抓手的数字赋能发展模式是上海着重追求的改革目标。2022年，上海市民政局出台《上海市推进智慧养老院建设三年行动方案（2023—2025）》，确立了智慧养老院建设总体要求、建设内容、实施步骤和保障措施。此后，上海紧紧围绕行动方案进行智慧养老院的建设工程，通过"智慧入住管理、智慧餐饮管理、智慧健康管理、智慧生活照护、智慧安全防护、智慧管理运营"六大板块的数字技术融入重塑传统养老院行动格局。截至2024年，全市已有36家基本完成建设任务。[1]如上海市长宁区万宏悦馨养老院在入院管控、智能呼叫、智能安防、智能监测、智慧餐厅、智慧消防、智慧运动健身等应用场景中配备如智能门禁、智慧床垫、健康随诊包、智慧云眼监控等多种物联设备，并依托大数据形成可视化报表，实现护工、医护、后勤、安防、行政等部门的多端协同机制。上海祥福颐养院将多种智能设备引入养老服务，先后增加毫米波生命体征监测雷达、智能跌倒检测雷达、数字医养可视化一体机、智能5G呼叫系统、智能床垫、床头屏、智能手表、人脸识别仪、高拍仪等智能设备，从设备端实现养老院建设的数字化转型。从结果来看，数字智慧对院舍养老的促进作用显著。它不仅革新了传统养老院的运营管理模式，提高了管理效率和服务质量，更重要的是，它满足了老年人对高品质生活的向往和追求。通过全面管理老人信息、提供多样化服务、实时监测安全环境以及优化配置资源，数字智慧为老年人创造了一个更加安全、便捷、舒适的生活环境。这种创新性的养老服务模式，不仅提升了老年人的生活质量，还彰显了社会对老年人群体的深切关怀，体现了人文关怀与科技力量的完美结

---

[1] 王海燕：《数据化智能化养老服务 上海已建36家智慧养老院》，载人民网，2024年2月19日。

合。因此，数字智慧在院舍养老中的应用，是顺应时代发展潮流、回应社会需求的明智之举，具有重要的现实意义和社会价值。

除了养老院养老之外，居家养老也逐渐成为主流发展模式。2024年上海市质量协会用户评价中心公布《上海市社区居家养老设施及服务现状调查报告》显示，全市家庭医生累计签约 1100 余万人，全市社区老年助餐场所 1926 个，其中社区长者食堂为 346 家，基本做到了全市社区全覆盖。六成以上的社区养老设施可以在步行 15 分钟内到达，其中社区长者食堂的比例最高（90.8%），97.7% 的受访者接受过社区养老服务。而在数字技术支持下，居家养老变得更加便捷有效。[1] 上海在智慧健康养老建设方面具有自己的一套特色建设体系，主要体现在居家养老设备的社区普及方面。在日常生活中，老年人能够通过智能语音伴侣进行即时报警，烟雾报警器、燃气报警器的安装也为老年人生命安全提供了即时保障。现阶段，杨浦区正在推广智能水表项目，一旦家中日用水量低于 0.01 立方米或高于 2 立方米，AI 智能系统就会进行自动警报，自动联络家人以及社区工作人员[2]；普陀区桃浦镇樱花苑居民区政府给 41 户老年家庭安装了家庭睡眠呼吸装置，连接子女或"老伙伴计划"志愿者手机，一旦发生意外及时报警，同时社区辅助 40 户老年家庭安装了"助老一键通"，实现一键呼叫助餐、助医、助浴、助购、助修等服务[3]。除此之外，浦东新区以"15 分钟社区生活圈"为指引，加快社区养老服务设施布点增能。比

[1]《上海社区养老服务调查报告：长者食堂知晓率最高，这类服务需提升》，载新浪财经，2024 年 10 月 11 日。

[2] 董志雯：《何以"杨数浦"（下）丨当科技赋能生活，杨浦凭何"智慧担当"？》，载人民网，2024 年 9 月 5 日。

[3] 上海市普陀区人民政府：《变养老"痛点"为享老"通点"，普陀这里打造智慧养老社区新标杆》，载上海市普陀区人民政府网站，2023 年 11 月 22 日。

如，列入 2024 年市政府实事项目的社区长者食堂正式对外开业，并为老年人就餐、送餐提供优惠，预计供餐能力将逐步达到每日 800 客。再如，街道与东方医院南院合作，建设"卒中小屋"，与社区卫生中心携手，推广家庭医生签约和服务，在社区层面打通"医养一体化"。[1] 数字智慧在居家养老服务中的深度融合，极大地增强了养老服务的便捷化、智能化、高效化的现实特征，使得民众在日常生活的各个场景中都能切身体验到高品质的技术支持所带来的便利。通过运用先进的物联网、大数据、人工智能等技术，居家养老服务不仅实现对老年人健康数据的实时监测、紧急情况的即时响应，还提供远程医疗咨询、生活辅助、娱乐学习等一系列智能化服务。

上海在智慧健康养老领域的创新实践，为老年人带来了前所未有的福祉。通过引入智能设备和技术，不仅有效提升了老年人的生活质量，使他们在家中就能享受到以前难以想象的便捷与舒适，而且确保了养老服务的专业性和高效性。这种服务模式打破传统养老的局限，真正实现"智慧养老，乐享生活"的美好愿景，让老年人在安全、便利、愉悦的环境中安度晚年。这不仅是对老年人生活需求的精准回应，更是对养老服务模式的深刻变革，具有深远的社会意义和价值。

案例专栏 1：
"Hello 老友亭"，让老年人享受数字红利

为落实《上海市养老服务条例》《上海市养老服务发展"十四五"

---

[1] 上海市民政局：《满足多样化服务需求，浦东东明路街道不断提升养老服务能级》，载上海市民政局网站，2023 年 9 月 12 日。

规划》等要求，上海电信于2023年2月27日发布"智慧守沪"计划，承接了"Hello 老友亭"的数字化专项项目，将传统电话亭升级改造为守护城市的"数字安全岛"，上线"守望相助服务平台"，打造"一亭一号一网"的综合信息服务终端，通过上海电信千兆光网和天翼云，赋能智能信息化高品质生活，让市民尤其是老年群体享受到数字生活的便利。

通过"Hello 老友亭"，老年群体得以用习惯的语音方式享受助老服务。基于公话亭的智慧助老平台加载创新产品应用，通过多场景多渠道多载体帮助老年群体享受数字化生活，助力社区街道智慧治理。

"Hello 老友亭"旨在通过提供便捷高效的服务，改善老年人的生活质量，减轻社会的负担，同时在养老服务产业中实现需求和资源双向对接，打造互联互融、开放共享的智能养老格局。通过"Hello 老友亭"全面连接家庭、社区、医疗机构、养老院等多方资源，实现信息互通和数据共享，老年人能够得到更为精准和有效的养老服务，有效地降低了养老成本，提高了养老服务行业的效率。"Hello 老友亭"提供的个性化、定制化养老服务，能够满足老年人不同的实际需求，为养老服务行业带来了更多的商机。通过多场景多维度覆盖全上海老人，相关部门可以融合各方资源和优势，打造新型助老服务体系，创新商业模式，预计年化约1500万元收入。

"Hello 老友亭"通过结合千兆光网和天翼云，打造了融合"应用服务＋数据平台＋运维管理"的一体化解决方案，建立了硬件软件结合的统一监管体系。同步对接上海市大数据中心、市民政、市交通委等委办局，并建设开放性数字底座，联合工商银行、建设银行等国有银行提供数字金融服务，携手支付宝、饿了么等头部互联网企业共同打造数字生态。

图 6-2 老友亭效果图

目前"Hello 老友亭"改造项目已完成 355 个亭体的改造安装工作，提前完成了 300 个亭体改造的年度计划，其中已开通信息化服务亭体数量 294 个，覆盖全市 16 个行政区。且已开通了一键通紧急呼叫服务、3 分钟本地免费通话、15 分钟生活圈查询、养老金查询、一键叫车、自助挂号、12345 手语视频热线、城市明信片 AI 打卡等应用服务，涵盖民生、出行、医疗等多个方面，为广大市民以及老年用户提供更便捷的自助服务窗口。

案例来源：市数转促进中心 微信公众号

案例专栏 2:
"健康静安"，全程健康数字惠民应用平台

以上海市"便捷就医服务"数字化转型 3.0 工作方案为建设方针，坚持以服务和改善民生作为出发点和落脚点，静安区卫生信息中心结

合区医疗现状，依托现有信息化基础和业务流程，以数字化转型1.0、2.0成效为新起点，以"便捷就医服务"重点推广场景为参考，全力打造了区域智慧医疗服务平台——"健康静安"全程健康数字惠民应用平台。经过不断建设、完善、打磨与应用推进，"健康静安"提供了全方位的服务，积累了大量的用户，目前注册人数已超151万。2017年，"健康静安"被国家卫健委作为典型案例，纳入《卫生计生工作交流》向全国推广。

　　针对线上就诊流程烦琐、功能使用门槛高、老人使用功能难等数字化就诊快速发展带来的新问题，"健康静安"通过区域智能云陪护功能，使居民就医更便捷，取片查看更方便；平台内的实时报告推送功能还解决了居民就地等待报告费时费力的问题，让居民第一时间线上查看报告。针对不便出行的患者，"健康静安"推出了线上就诊、送药上门服务，大幅提升了老年人和残障人士的就医体验。

图 6-3　线上云陪诊

平台建立区域统建模式，以亲情账户为纽带，通过智能陪诊助手协同线上陪诊人，打造双重"云陪诊"陪诊模式，帮助中老年、视听障碍等弱势群体为主的就医困难人群安全便捷、无障碍地完成就医流程，减少数字化发展带来的"数字鸿沟"。

为提高问诊效率，"健康静安"在影像云建设的基础上，实现了云胶片功能，做到取片不用等、手机随时看、随时可分享。居民拍完片即可通过该平台查阅本人的影像检查资料，并且保存全套无损影像，极大满足了居民复诊或远程会诊的需求，无需多次重复检查，省时更省钱。

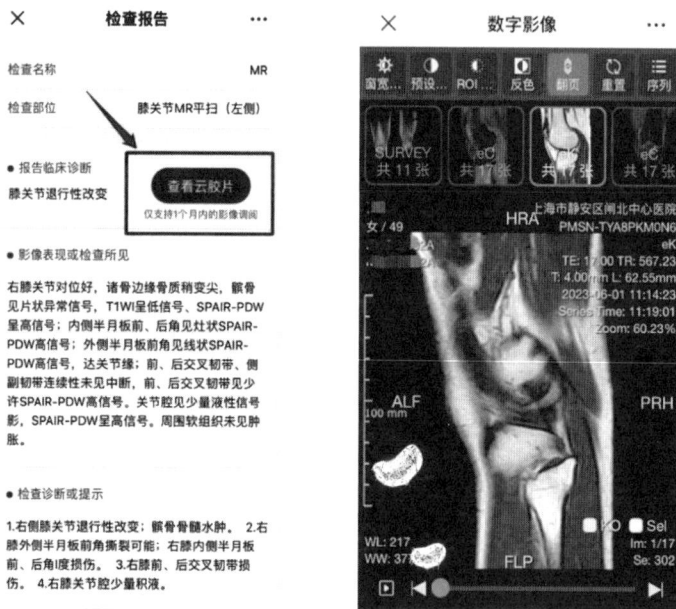

图 6-4　云胶片数字影像

同时，通过整合区域数据资源，平台主动打通数据实时互联互通环节，主动推送检查报告，第一时间将报告"送到"居民手中，免去了耗时等待和再次跑腿的麻烦。目前已全面覆盖了区属基层医疗机构，使居民足不出户便可通过"健康静安"与家庭医生"面对面"互动问诊，享受在线挂号、在线支付、电子票据、药品配送上门的全流程诊疗服务，并且针对儿童、独居老人等特殊人群，已上线亲属代配药、志愿者代配药等功能。

案例来源：市数转促进中心 微信公众号

第七章

上海创造高品质生活的实践模式与政策启示

"高品质生活"是一个多维度、综合性的概念。当前，人们对生活的追求已远远超越了基本的温饱与居住需求，转而向往一种更加全面、多元、高质量的生活方式。高品质生活不仅包括物质层面的丰富与便捷，如稳定的经济基础、完善的基础设施、优质的公共服务、宜人的居住环境等，更涵盖了精神层面的满足与提升，如丰富多彩的文化活动、和谐融洽的社会关系、尊重与实现个人价值等。其核心在于以人为本，体现城市建设的"人民性"，让每一位居民都能感受到切实的温度，享受到发展的成果。本章将对上海创造高品质生活的实践模式进行总结，并对新时代创造具有中国特色高品质生活的实践路径展开思考。

一、实践总结：上海创造高品质生活的实践模式

党的二十届三中全会《决定》中提出"坚持人民城市人民建、人民城市为人民"。上海市秉持"人民城市"的重要理念，坚持以人为本的基本原则，在创造高品质生活实践方面作了大量探索，也取得了不少成绩，形成了富有上海特色的实践模式，其主要特色体现为四个方面。

（一）以"人民性"为价值引领

习近平总书记强调，"改革必须坚持以人民为中心"[1]。党的十八

---

[1] 习近平：《进一步全面深化改革中的几个重大理论和实践问题》，《求是》2025年第2期。

172

大以来，以习近平同志为核心的党中央把"坚持以人民为中心的发展思想"写入党章。十多年来，千余个改革方案，"人民性"的价值精神贯穿始终。人民性是中国共产党人道德的根本价值属性，其核心是以人民为实践的起点，执政党需要代表最广大人民的利益，为全体人民服务。[1]党的二十大报告指出："人民性是马克思主义的本质属性，党的理论是来自人民、为了人民、造福人民的理论，人民的创造性实践是理论创新的不竭源泉。"[2]人民性的价值内涵首先表现为坚持以人民为中心，尊重个体差异性、相信个体能力、承认每个人的价值所在。其次，人民性是一种特殊的公共性[3]，指向全体人民的共同利益，即人与社会良性互动。再次，人民是历史的创造者，决定了反映人民需求、回应人民期待是人民性的应有之义。最后，人民性也是一个动态发展的概念。随着时代的变化和社会的进步，人民的需求和利益也在不断变化和发展，人的能力在逐步适应科学发展的过程中得到提升。因此，人民性要求我们在实践中不断适应新情况、解决新问题，应对新风险，始终保持与人民群众的紧密联系。[4]

人民性的价值内涵为中国社会治理奠定了良好的文化基础，以人为本的价值理念不断优化着中国社会治理效能，持续增进百姓福祉。党的二十大报告指出要"建设人人有责、人人尽责、人人享有的

[1] 李友梅：《以人民性引领中国特色社会学话语体系建设》，《中国社会科学》2023年第2期。

[2] 习近平：《高举中国特色社会主义伟大旗帜　为全面建设社会主义现代化国家而团结奋斗——在中国共产党第二十次全国代表大会上的报告（2022年10月16日）》，人民出版社2022年版，第19页。

[3] 李友梅：《以人民性引领中国特色社会学话语体系建设》，《中国社会科学》2023年第2期。

[4] 文军、陈雪婧：《构建以"人民性"为价值引领的不确定性风险应对机制》，《社会》2025年第1期。

社会治理共同体"。社会治理不仅是国家治理体系和治理能力现代化的基础工程，同时也是提升居民生活质量和促进社会和谐稳定的关键因素。社会治理的对象是人，人亦是社会治理的重要主体。中国特色社会主义的社会治理是以人民性为核心价值，持续推动社会共同体构建。[1] 新时代下的社会治理机制建构仍然要以人民为观照，树立"人民性"的核心价值观，突出人的主体性、主动性，这是增强国家治理能力和治理现代化的应有之义。

（二）以"主体性"为核心动力

城市治理虽强调多元主体的协同行动，但核心仍然是人民。主体性，即个体与社会主动创造、自我实现的能力，是推动城市文明进步的动力。发挥城市居民的主体性力量，是激发城市治理效能、创造高品质生活的重中之重。2024 年 9 月 14 日习近平总书记在庆祝全国人民代表大会成立 70 周年大会上的讲话中指出，"人民民主是中国共产党始终高扬的光辉旗帜"，"扩大人民有序政治参与，充分体现人民意志、保障人民权益、激发人民创造活力"。民主是全人类的共同价值，中国共产党始终尊重群众首创精神。上海人民积极争取品质生活，发挥人民群众的主体性特征，由人民群众自己创造高品质生活。在追求城市发展的征途中，不论是在物质生活、精神生活、绿色生活、健康生活，还是在智慧生活方面，上海始终鼓励市民积极参与到各类实践中发挥主观能动性，以自身需求为导向、以自身能力为依托，提升人民的主体性和幸福感，提升城市治理水平，让高品质生活的理念真正走入民生、深入人心，以实现高品质生活"以人民为中心"的目标。

在上海，"主体性"不仅体现在城市治理的宏大叙事中，更深深

---

[1] 李友梅：《人民本位的中国实践及其内在逻辑》，《社会科学战线》2021 年第 5 期。

根植于每一位市民的日常生活。上海始终坚持贯彻落实全过程人民民主，让人民提意见、说建议，将人民群众的需求融入各项政策的制定过程。同时，上海重视营造人人参与的社会氛围，无论男女老少，无论上海市户籍人口还是外来人口，都有参与城市治理的窗口，都能享有城市治理的成果，展现了上海作为国际大都市的开放包容与持续创新。以"主体性"为力量核心，上海正逐步构建一个既充满活力又不失温度的高品质生活空间，绘就一幅"人民城市人民建，人民城市为人民"的美好图景。

（三）以"体验性"为实践特点

上海不仅以其卓越的经济发展、科技创新和文化繁荣闻名遐迩，更在提升居民生活质量、促进全民共享发展成果方面展现出非凡的远见与行动力。除了从优化公共服务体系、完善社会保障机制、强化环境保护法规等制度层面进行有力推动，上海还极其重视居民在日常生活中的切身体验，力求通过多元化的体验活动，让每一位市民都能深切感受到城市的温度与活力，以提升市民主观生活质量。

在物质生活方面，上海将"体验"融入经济发展和居民消费的方方面面。作为国际金融中心，积极举办各类财经论坛、投资讲座及模拟股市交易等活动。如"芯片产业大观之旅"让公众有机会近距离接触并了解高科技产业的发展现状与未来趋势，提升大众的财经素养，为培养未来的经济型人才奠定坚实基础。相关研究表明，相对于实物性消费，体验性消费能给消费者带来更多情绪价值，在促进消费决策行为上更有优势[1]，是主观生活质量与客观生活质量相结合的体现。上海作为国际化消费都市，家居展、艺术展、进博会等活动的举办，

---

[1]　李斌、卫海英、李爱梅等：《体验性消费与实物性消费的双加工理论模型：现象、机制及影响因素》，《心理科学进展》2018 年第 5 期。

让居民能够近距离体验个性化定制服务、高端家居设计、艺术品收藏、海内外商品，为居民的多元消费需求提供平台。同时，上海道路交通规划也着力突出"体验性消费"导向，根据地段、人群等实际，聚集更多的人流[1]，社区商业体中也逐渐增加与消费者的体验性项目。

在精神生活方面，上海充分展现其文化底蕴与创新活力。精神文化生活是衡量城市文明程度与居民幸福感的重要维度。从高端大气的艺术展览到接地气的民俗表演，从经典传承的文艺演出到创新前卫的文化沙龙，每一场活动都是对市民心灵的抚慰与启迪。无论是艺术演出、城市观光，还是文创园区打造，上海始终强调符合新时代的"沉浸式""体验性""参与感""互动性"，使各年龄段、各行业的民众能够充分感受文化艺术之美。这不仅能够有效缓解市民工作生活压力，还提升了市民的文化素养与审美能力。博物馆、图书馆、美术馆等服务性公共文化设施全面开放，成为市民近距离探索知识、品味艺术、感悟历史的便捷窗口。各类中外文化节、民俗活动及非遗展示，让市民在参与中感受中外高品质文化的魅力，加深了对中华优秀传统文化的理解与认同，促进了文化的传承与创新。

在绿色生活方面，上海积极打造绿色的生活场景、生活方式，为居民高品质生活创造良好的环境。近年来，上海深入贯彻习近平生态文明思想，将"参与体验"与"生态景观""文化教育""休闲娱乐"等要素纳入生态建设的重要指标。[2]目前，公园绿地、生态廊道、屋顶花园等绿色空间成为上海市民休闲娱乐的好去处，"一江一河"已

---

[1] 《虹口区政协赴四川北路街道调研"四川北路的建设开发"课题项目》，载上海市人民政府网站，2023 年 7 月 3 日。

[2] 《关于印发〈上海市奉贤区"森林社区、森林单位、森林人家"评选活动实施方案〉的通知》，载上海市人民政府网站，2024 年 7 月 26 日。

经成为上海最靓丽的一道风景线。绿色生活的实践让上海在快速发展的同时，依旧构建起城市与自然同发展的命运共同体。

在健康生活方面，上海积极推广全民健身理念，建设了众多现代化的体育设施和户外运动场所。近年来，上海实施"健康优先"战略，城市内遍布健身中心、游泳馆、瑜伽馆等运动场所，为市民提供了多样化的锻炼选择，促进了体育运动的普及与参与。从城市绿道到社区健身房，从专业足球场到水上运动中心，各类体育体验活动层出不穷，"城市定向越野赛""社区运动会"等不仅增强了市民的体质，也促进邻里间的和谐交流，营造积极向上的城市氛围。2019年，上海市卫生健康委员会印发的《上海市国民营养计划（2019—2030年）实施方案》明确指出要"建设社区营养健康体验场所"，不仅让市民通过食材选择、营养咨询、现场烹饪等方式参与营养膳食体验，还致力于开展社区体医结合健康体验，开展健康教育、体质监测评估与健身指导、慢性病早期筛查、健康自我管理、运动营养等生活方式干预和重点疾病康复指导。[1] 五年来"健康上海行动"积极落实健康中国战略，在健康关怀与居民体验的互动中持续提升市民的健康获得感。

在智慧生活方面，上海针对公众科技需求，贴近民生科技热点，充分利用其丰富的教育资源，打造了一系列寓教于乐的学习体验基地。通过有针对性地举办各种体验性强、参与度大、互动度高、国际化发展趋势度高的科技活动，组织市民进行线下参观、体验，提高公众理性认知水平，倡导科技文明的生活方式。比如，"科幻新世界"科技探索之旅，通过虚拟现实、增强现实等前沿技术，让孩子们在互动体验中学习科学知识，激发对未知世界的好奇心与探索欲。这正是

---

[1]《上海市卫生健康委员会等关于印发〈上海市国民营养计划（2019—2030年）实施方案〉的通知》，载上海市人民政府网站，2019年12月11日。

将体验性融入人民群众高品质生活需求的独特体现。

这些丰富多彩的体验活动，不仅满足了不同年龄层、不同职业背景人们的精神文化需求，更向外界充分展示了上海对居民物质生活、精神生活、绿色生活、健康生活、智慧生活的全面关注与不懈追求。它们如同一座座桥梁，连接着城市与居民，让每一位参与者都能深切感受到高品质生活的魅力所在，真正实现了"共享发展成果"的美好愿景。上海正以实际行动诠释"人民城市人民建，人民城市为人民"的发展理念，向更加宜居、宜业、宜游的国际化大都市目标稳步迈进。

（四）以"整合性"为发展目标

"整合性"包含多个方面，一是各个维度的整合，将物质生活、精神生活、绿色生活、健康生活、智慧生活共同纳入高品质生活实践范围之中，提升居民的总体生活质量，致力于构建一个多维度、全方位的高品质生活体系。在这一体系中，物质生活不仅限于基本的物质满足，更追求精致与舒适；精神生活则注重文化艺术的滋养与心灵的充实，提升居民的精神境界；绿色生活倡导环保理念，鼓励节能减排，保护生态环境，为后代留下碧水蓝天；健康生活强调身心健康，推广科学饮食与适量运动，营造健康的生活氛围；智慧生活则依托现代科技，运用智能化手段优化生活方式，提高生活便捷性与效率。上海将这五个维度的有机结合，共同纳入高品质生活的实践范围之中，全方位、深层次地提升居民的总体生活质量，让每个人都能享受到更加美好、和谐与可持续的生活状态。

二是个人价值实现与能力提升的整合。高品质生活的创造建立在治理主体行动能力之上，在这一过程中，人的能力和素养被视作提升生活质量的关键因素，直接关系到生活的品质与层次。为此，需要通过构筑"情感共同体""价值共同体"来为个体赋能和塑造个人价值观[1]，将集体行动能力转化为巨大的集体力量，转化为社会治理效能。同时，创造高品质生活需要激发全社会的参与意愿和参与能力，让每个人都能在其中找到属于自己的位置，实现个人价值，进而推动整个社会的进步与发展，实现更为广泛的社会价值。

三是客观生活质量与主观生活质量的整合。生活质量的高低是由客观生活质量和主观生活质量共同决定的。上海之所以能够不断提升人民的生活品质，不仅归因于外部社会、经济、政治、文化方面客观的发展状况，还在于以人为本，从人的本身需求出发，让人们在沉浸式的体验与优质服务当中不断增强自我效能感、幸福感以及社会认同感，进而提升主观生活质量。因此，高品质生活不仅依托客观的衡量标准，还依赖于个体的主观感受，在客观和主观的互动中提升人们的获得感、幸福感、安全感。

四是实践中人民性与公共性的整合。中国式现代化持续推进的深层动因是人[2]，需要调动起人的积极性、主动性、创造性，才能凝聚起持续向前的磅礴力量。社会团结是创造高品质生活的基础，如今个体化、流动性不断挑战社会整合和社会秩序，创造高品质生活需要将人民性、公共性深刻融入高品质生活发展目标当中，形成动态平衡的社会治理行动者网络，在化解主体间张力的同时激发社会活力。

五是坚持人民需求和韧性治理实践的整合。上海创造高品质生活的实践以人民的需求为发力点、落脚点，同时"人民本位"的社会理念推动着中国国家治理的"韧性"的形成。[3]以"人"的需求为基础

[1] 参见［英］齐格蒙特·鲍曼：《共同体：在一个不确定的世界中寻找安全》，欧阳景根译，江苏人民出版社2003年版。

[2] 杨雪冬、黄小钫：《人民主体性与中国式现代化道路》，《光明日报》2022年2月21日。

[3] 李友梅：《人民本位的中国实践及其内在逻辑》，《社会科学战线》2021年第5期。

的政策内容、灵活的政策执行形式，以及治理主体的创新性和积极性[1]，共同作用于上海创造高品质生活的实践，不断提升人民群众获得感、幸福感、安全感。

（五）以"服务性"为建设手段

坚持人民城市人民建，人民城市为人民，不断满足人民群众对美好生活的向往、对高品质生活的期待，是新时期党和国家的重要使命。服务型治理作为一种强调服务导向、注重民众参与和多方协同的治理模式，为城市高品质生活实践和社会高质量发展提供了重要路径。[2]自习近平总书记在2018年全国"两会"期间首次提出"高品质生活"概念以来，推动创造高品质生活已然成为党和国家矢志不渝的奋斗目标。近年来，作为习近平总书记"人民城市"重要理念首提地，上海始终牢记总书记的嘱托，不断创新城市治理实践，构建了一种服务型特色的城市治理模式，始终坚持以人为本的原则，全力打造既充满活力又和谐有序的高品质生活。

随着全球化和城市化进程的加速推进，城市已远远超越了单纯的经济增长极，转而成为人民追求更加美好生活的载体。高品质生活融合了物质丰饶、精神富足、环境和谐与社会进步的综合性概念，正日益成为衡量城市发展水平与居民幸福感的关键标尺，引领城市规划与治理的新方向。服务型治理作为一种顺应时代潮流的现代治理理念应运而生，深刻体现了以人为本的发展思想，强调政府、市场、社会三大主体间的紧密协作与良性互动。通过构建开放包容的治理体系，服务型治理以居民的实际需求为出发点和落脚点，运用大数据、云计

---

[1] 参见［德］韩博天：《红天鹅：中国独特的治理和制度创新》，石磊译，中信出版社2018年版。

[2] 文军：《以服务型城市治理创造高品质城市生活》，《文汇报》2024年11月12日。

算等现代信息技术手段，实现治理决策的精准化、服务供给的高效化，从而全方位、多层次地推动城市生活品质的跃升。为了实现这一目标，城市治理必须不断创新治理模式，深化治理体制改革，强化多元主体的协同参与和合作治理机制。这要求政府不仅要持续优化公共服务供给结构，提升教育、医疗、文化、体育等公共服务的质量和效率，还要积极引导和鼓励社会资本、社会组织及广大市民参与到城市治理中来，共同解决城市发展中的难题，促进资源的高效配置与合理利用。只有这样，才能构建一个既宜居、宜业、宜游、宜乐的高品质生活空间，让每一位居民都能在这片热土上享受到更加幸福、安康、和谐的美好生活。

二、政策启示：新时代具有中国特色高品质生活的实践路径

2023 年 12 月 1 日，习近平总书记在上海考察时指出："要全面践行人民城市理念，充分发挥党的领导和社会主义制度的显著优势，充分调动人民群众积极性主动性创造性，在城市规划和执行上坚持一张蓝图绘到底，加快城市数字化转型，积极推动经济社会发展全面绿色转型，全面推进韧性安全城市建设。"[1]上海创造高品质生活的实践模式可以为创造中国特色高品质生活提供借鉴，尤其是其在具体实践路径方面，对全面改善和提升城市生活品质具有重要的政策启示。

（一）全面推进城市社会高质量发展

城市社会高质量发展，指在满足人民日益增长的美好生活需要的基础上，实现经济、社会、环境等多方面的协调、均衡和可持续发

［1］ 上海市习近平新时代中国特色社会主义思想研究中心：《在推进中国式现代化中开创人民城市建设新局面》，《人民日报》2023 年 12 月 8 日。

展，推动客观生活质量的提升，不断满足社会群体规范性理想，是高品质生活的内在要求和重要支撑。习近平总书记指出，"想问题、作决策、办事情注重把准人民脉搏、回应人民关切、体现人民愿望、增进人民福祉"[1]。社会高质量发展的目标在于实现经济持续健康发展、社会和谐稳定、文化繁荣兴盛、生态环境优美、人民生活幸福。

第一，创新驱动发展，激发城市内生动力。创新驱动发展是城市高质量发展的核心动力。首先，要加强科技创新体系的建设，提升国家创新体系的效能。这包括加大基础研究和应用研究的投入力度，突破一批关键核心技术，形成自主可控的技术体系。同时，推动产学研深度融合，加快科技成果转化应用，缩短科技成果从实验室到市场的周期。其次，企业是科技创新的主体，要鼓励企业加大研发投入，建立研发准备金制度，支持企业牵头承担国家级、省级重大科技项目。同时培育一批高新技术企业和科技型中小企业，形成梯次合理的创新型企业集群。此外，还应重视高校、科研院所等创新源头的建设，推动产学研协同创新，形成开放合作的创新生态。再次，要深化科技体制改革，完善科技创新体制机制，激发企业和科技工作者的创新积极性。加强知识产权保护，营造公平竞争的市场环境。加强创新基础设施建设，如建设高水平的实验室、科技园区等，为创新活动提供有力支撑。最后，引进和培养创新人才。要实施更加积极、开放、有效的人才政策，吸引和留住海内外高层次人才。加强本土人才的培养和激励，形成梯次合理的人才队伍。通过建设创新创业平台、优化人才发展环境等措施，为人才提供广阔的发展空间和良好的工作环境。

第二，社会治理创新，构建共建共治共享格局。首先，完善社会

---

[1] 习近平：《以中国式现代化全面推进强国建设、民族复兴伟业》，《求是》2025年第1期。

治理体系。要构建党委领导、政府负责、民主协商、社会协同、公众参与、法治保障、科技支撑的社会治理体系。通过加强基层党组织建设、发挥社会组织作用、推动居民自治等方式，形成多元共治的社会治理格局。其次，推进社会治理智能化。要充分利用大数据、云计算、人工智能等现代信息技术手段，构建智慧治理平台，实现社会治理的精准化、智能化。通过建设智慧城市、智慧社区等项目，提高城市管理和公共服务的智能化水平。再次，加强社会风险防控。建立健全社会风险预警和应对机制，加强对重点领域和关键环节的风险监测和评估。同时，加强应急管理体系建设，提高应对突发事件的能力和水平。通过加强社会治安综合治理、推动扫黑除恶专项斗争等措施，维护社会和谐稳定。最后，促进社会公平正义。社会公平正义是城市社会高质量发展的基石。要坚持以人民为中心的发展思想，解决好人民群众急难愁盼问题。通过完善收入分配制度、加强社会保障体系建设、推进教育公平等措施，促进全体人民共同富裕。同时，加强法治建设，提高依法行政水平和司法公信力，维护社会公平正义。

第三，生态文明建设，推动绿色低碳发展。首先，深化污染防治攻坚战。要以精准、科学和依法的治理方式，深化污染防治攻坚战。通过加强大气、水、土壤等环境污染治理，持续改善生态环境质量。加强固体废物和危险废物管理，防止环境污染和生态破坏。其次，推动绿色低碳发展。优化能源结构，大力发展清洁能源和可再生能源。推动产业绿色转型升级，发展绿色低碳产业和循环经济。通过实施节能减排、资源循环利用等措施，降低能耗、物耗和排放强度。再次，加强生态系统保护和修复。加强生态系统保护和修复重大工程建设，实施山水林田湖草沙一体化保护和修复。加强生物多样性保护，维护生态平衡和生态安全。通过加强生态环境监管和执法力度等措施，确保生态环境得到有效保护和修复。最后，培育生态文化。要广泛宣传生态文明理念，培育全社会尊重自然、顺应自然、保护自然的生态文化体系。通过加强生态文明教育、推广绿色生活方式等措施，增强公众的生态环保意识和参与度。

第四，民生福祉增进，提升人民生活品质。民生福祉是衡量国家发展成果的最终标尺，也是政府工作的核心要义。在新时代背景下，增进民生福祉、提升人民生活品质，已成为我国社会高质量发展的重要任务。首先，加强公共服务体系建设。要加强教育、医疗、社保等公共服务领域体系的制度化、规范化建设，通过优化资源配置、提高服务质量等措施，满足人民群众对美好生活的需求。同时，加强社会救助和福利体系建设，保障困难群体的基本生活需求。其次，持续加大民生投入。这需要政府多渠道筹集资金，优化财政支出结构，确保民生领域资金稳定增长。这包括增加教育、医疗、社会保障、住房保障等关键领域的财政投入，提高公共服务供给水平与质量。同时，加强民生项目监管，确保资金精准高效使用，防止浪费与腐败。此外，还应鼓励社会资本参与民生建设，形成政府主导、社会参与的多元投入格局，共同推动民生福祉持续改善。最后，增强公共服务均衡性和可及性。探索服务共享机制，打破行政空间限制，推动公共服务资源的均衡配置和高效利用，通过功能复合机制创新，实现服务功能的复合利用和互补发展，提高服务效能。加大对农村和边远地区的扶持力度，推动城乡基本公共服务均等化，缩小城乡差距。还可以通过推动公共服务的数字化建设，利用大数据、云计算等信息技术手段提高服务效率和便捷性，借助平台驱动的数字化优势实现供需识别与汇集，并通过差异化服务供给能力实现精准对接和高效供给。

（二）构建服务型的城市治理共同体

高品质生活的追求和实现是一个动态的实践过程，不同的发展阶段会呈现不同的内涵。服务型治理作为一种强调服务导向、注重民众参与和多方协同的治理模式，为城市社会高质量发展提供了重要路径。以服务型治理推进社会高质量发展是一个涉及多维度、多层面的复杂系统工程。这一进程不仅要求城市在经济发展上取得显著成效，更要在社会治理和公共服务领域实现全面进步，以满足人民群众日益增长的美好生活需要。

近年来，上海在服务型治理的发展道路上，通过构建服务型治理共同体不断丰富人民城市建设内涵，精进社会治理体系，为创造高品质生活打下了坚实的基础。服务型治理秉持共同体的理念，为民众提供优质公共服务、实现公共利益。[1]在人民城市重要理念指导下，上海不断优化城市治理主体，强调多元主体的责任意识和协作参与，在经济发展、社会治理、公共服务及自身共同体建设方面都体现服务性质。在"一核多方"共治的基础上，向更具凝聚力、包容性的"服务治理共同体"方向转变。同时，上海始终注重民众参与治理实践，在坚持全过程人民民主的基础上，鼓励居民充分利用"人民建议征集"渠道、"随申办"上的"随申拍"等功能，让参与治理、群策群力变成一种常态，以此培育城市治理共同体，加强社会联结，促进高品质生活。

高品质生活融合了物质丰饶、环境和谐、身体健康、科技便利与精神富足的综合性概念，正日益成为衡量城市发展水平与居民幸福感的关键标尺，引领城市规划与治理的新方向。以服务型治理创造高品

---

[1]　文军：《超大城市治理共同体及其建构——基于服务型治理的视角》，《光明日报》2024年11月13日。

质生活不仅要求城市在经济发展上取得显著成效，更要在社会治理和公共服务领域实现全面进步。在人民城市重要理念指导下，上海始终强调基层的服务功能，顺应人民对高品质生活的期待，引领城市治理在有效性积累的基础上，不断向服务型治理迈进，更预示着未来一个阶段我国城市社会治理现代化的发展路径。

（三）优化多元高效供给高品质生活

在当今社会，随着经济的快速发展和人民生活水平的不断提高，人们对于品质生活的追求日益增强。这一趋势深刻驱动着社会结构的优化与升级，构建一个多元化、高效能的供给体系成为时代赋予我们的重要课题。此体系不仅关乎政府的高效治理与市场的活力激发，更离不开社会各界的广泛参与和共同努力。通过政府主导，优化公共服务供给，确保教育、医疗、文化等关键领域均衡发展；通过市场驱动，加速产业升级，促进新技术、新业态的蓬勃兴起；强化社会治理，完善交通网络，构建绿色、智能、便捷的出行环境，并致力于打造生态友好、和谐共生的宜居空间。

在供给体系中，政府主导、市场运作、社会参与三者相辅相成，共同推动社会资源的优化配置与高效利用，以满足人民日益增长的美好生活需要。首先，政府作为公共服务的核心提供者，起到规划引导与政策保障的作用。政府应通过科学规划与顶层设计，明确品质生活提升的目标与路径。这包括制定长远发展规划，如智慧城市、绿色生态城市建设等，以及短期行动计划，如老旧小区改造、公共服务设施升级等，确保各项政策与措施有的放矢。同时，政府应建立健全政策支持体系，为品质生活供给提供法律保障和财政支持。通过税收优惠、补贴奖励、融资便利等政策工具，激励企业和社会组织积极参与品质生活相关项目的建设与运营。其次，市场是资源配置的决定性力量，在优化品质生活供给体系中，市场运作能够有效激发各类主体的积极性和创造力，提高供给效率和质量。一方面，企业应成为高品质生活产品和服务的主要提供者，通过技术创新、管理创新和服务创新，不断满足消费者多元化、个性化的需求。另一方面，市场机制能够引导资源向高效益领域流动，实现资源的优化配置。通过公平竞争的市场环境，优胜劣汰，促使企业不断提升产品和服务质量，降低成本，提高性价比。最后，社会参与是优化品质生活供给体系不可或缺的一环。它不仅能够汇聚社会各界的智慧和力量，形成共建共治共享的良好局面，还能够增强人民群众的获得感、幸福感和安全感。应鼓励社会组织、志愿者团体等积极参与品质生活相关项目的策划与实施，发挥其在资源整合、服务提供、监督评估等方面的独特作用。还要加强公民教育，提升公众对品质生活的认识和追求。通过宣传教育、示范引领等方式，引导公众树立绿色、健康、文明的生活理念，积极参与环境保护、社区治理等公益活动，共同营造和谐美好的生活环境。更为重要的是确保社会参与的有效性和可持续性。通过设立投诉举报渠道、开展满意度调查等方式，及时了解公众对品质生活供给的意见和建议，为政府决策和市场运作提供参考依据。

（四）不断提升人民城市高效能治理

高效能治理是含高治理效率、高治理效果、高治理绩效的多维概念[1]，不仅要借助数字技术提升治理效率，还要充分体现民众治理需求，同时达到治理的精细化、精准化，以此提升社会生活质量。

第一，推动数字科技与分类治理相支撑，是提升政府治理效能的重要途径。推进现代化城市治理，关键在于深度融合现代化科技手

---

[1] 丁志刚、熊凯:《赋能论还是衡量论？——理解治理效能的第三种理论可能》,《中南大学学报（社会科学版）》2024 年第 3 期。

段，以智能化、数据化为核心驱动力，引领城市治理模式实现根本性变革。这要求我们不仅要利用大数据、云计算、人工智能等先进技术，推动城市管理由传统的人力密集型作业向高效的人机交互模式转变，实现资源的优化配置与高效利用。更要促进治理模式由依赖经验判断向基于海量数据分析的科学决策升级，提升决策的精准度和前瞻性。同时，通过构建智能预警系统，实现从问题发生后的被动处置向问题萌芽前的主动发现并干预转变，确保城市运行的安全与和谐，全面提升城市治理的现代化水平。与此同时，社区分类是超大、特大城市治理重心下移和基层精细化的重要路径。[1]中国人口流动日益频繁、社区构成复杂，商品房社区、安置房社区、国际社区、城中村等情况多样，需要根据各自具体情况运用不同的治理方式，以达到精细化治理的目的。城市需要不断细化管理单元，借助数字孪生技术推动城市精细化治理，鼓励支持各委办局、街道结合自身需求打造特色数字孪生场景，为高效能治理提供技术支撑，精准掌握城市运行状况。

第二，拓宽民意表达渠道，是构建现代城市治理体系、提升治理效能的关键环节。城市管理者应秉持开放包容的理念，积极探索线上线下深度融合的民意收集与反馈机制，以科技赋能民主，打造立体式、全覆盖的参与平台。在线上，充分利用大数据、云计算等前沿技术，构建起高效运转的城市治理云平台。这一平台不仅是政府信息的发布窗口，更是民众意见的汇聚之地。通过整合政府官方网站、社交媒体矩阵、移动应用程序等多渠道资源，实现民意数据的即时捕捉与智能分析。在线问政模块让居民能够直接与政府部门对话，民意调查与网络论坛则为公众提供自由表达、理性讨论的空间，激发民众参

---

[1] 熊竞：《上海城市精细化管理文化的新探索——基层政区建制短缺下社区分类治理的思考》，《上海文化》2022年第10期。

与城市治理的热情。智能算法的应用，则使得海量民意数据得以深度挖掘，精准捕捉民众的真实需求与期待，为政府决策提供科学、精准的支撑。在线下，继续发挥传统民意表达渠道的独特优势，确保民主参与无死角、无遗漏。通过设立社区议事会、居民代表会议等制度性安排，搭建政府与居民面对面交流的桥梁，让居民能够就身边的问题提出见解、参与决策。同时，注重细节关怀，在街头巷尾设置"意见箱"，为那些不熟悉网络技术的老年人、低收入群体等提供便捷的线下表达途径。这些举措不仅保障了民意的广泛性，也体现了政府对弱势群体的特别关注与照顾。

第三，坚持精细化管理，提升城市生活治理成效。为践行人民城市重要理念，上海深入贯彻习近平总书记考察上海重要讲话精神和在浦东开发开放 30 周年庆祝大会上重要讲话精神，坚持以人为本、"三全四化"，把"精细化"的理念和要求贯穿到城市管理的全过程和各方面，以城市数字化转型为契机，以"全要素、一体化、做减法"为手段，提升城市治理体系和治理能力现代化水平，让广大市民感受到市容市貌常新、景观靓丽常在、城市温度常留。具体来说，"精细化管理"的内涵有四个方面：一是规划、建设、管理一体化协同、条线块面无缝衔接的全覆盖、全过程、全天候精细化管理总体框架；二是以数字化转型为驱动，以网格化管理赋能升级为抓手，线上智慧场景应用与线下业务流程再造相融合，全域感知、全息智研、全时响应、全程协同、全面统筹的精细化综合管理平台；三是聚焦基层基础，以高社会参与度和高社会凝聚力为标志，政府、社会、市民共建共享共治的精细化多元治理模式；四是以体系健全、良法善治的社会主义法治建设为基础，以刚柔结合、分级分类的标准规范为支撑，以合理精准、定量定性结合的考核机制为保障的精细化管理标准规范与科学评估体系。[1]同时坚持以人为本、问题导向，坚持系统观念、智慧赋能，坚持创新驱动、示范引领，坚持基层基础、共治共享的四项基本原则。[2]

[1]《一图读懂〈上海市城市管理精细化"十四五"规划〉》，载上海市人民政府网站，2021年8月27日。

[2]《上海市人民政府办公厅关于印发〈上海市城市管理精细化"十四五"规划〉的通知》，载上海市人民政府网站，2021年7月28日。

参考文献

一、著作

［1］［德］马克思、恩格斯:《共产党宣言》,人民出版社 2018 年版。

［2］《马克思恩格斯选集》第 1 卷,人民出版社 2012 年版。

［3］《马克思恩格斯全集》第 3 卷,人民出版社 1960 年版。

［4］《马克思恩格斯全集》第 47 卷,人民出版社 1979 年版。

［5］《习近平谈治国理政》,外文出版社 2014 年版。

［6］《习近平谈治国理政》第二卷,外文出版社 2017 年版。

［7］《习近平谈治国理政》第四卷,外文出版社 2022 年版。

［8］习近平:《决胜全面建成小康社会 夺取新时代中国特色社会主义伟大胜利——在中国共产党第十九次全国代表大会上的报告》,人民出版社 2017 年版。

［9］习近平:《在浦东开发开放 30 周年庆祝大会上的讲话》,人民出版社 2020 年版。

［10］习近平:《高举中国特色社会主义伟大旗帜 为全面建设社会主义现代化国家而团结奋斗——在中国共产党第二十次全国代表大会上的报告》,人民出版社 2022 年版。

［11］《习近平著作选读》第 1 卷,人民出版社 2023 年版。

［12］上海市习近平新时代中国特色社会主义思想研究中心、上海市中国特色社会主义理论体系研究中心编:《新思想引领上海新实

践》，上海人民出版社 2023 年版。

〔13〕〔匈〕阿格尼丝·赫勒：《日常生活》，衣俊卿译，重庆出版集团 2010 年版。

〔14〕〔英〕齐格蒙特·鲍曼：《共同体：在一个不确定的世界中寻找安全》，欧阳景根译，江苏人民出版社 2003 年版。

〔15〕〔德〕韩博天：《红天鹅：中国独特的治理和制度创新》，石磊译，中信出版社 2018 年版。

〔16〕江畅：《西方德性思想史：古代卷》，人民出版社 2018 年版。

〔17〕王雅林：《回家的路：重回生活的社会》，社会科学文献出版社 2017 年版。

〔18〕魏志奇：《社会主要矛盾变化新要求下共享发展研究》，人民出版社 2021 年版。

〔19〕J. K. Galbraith, *The Affluent Society*, New York: Mariner Books, 1998.

〔20〕Joseph E. Stiglitz, Amartya Sen, Jean-Paul Fitoussi, *Mismeasuring Our Lives: Why GDP Doesn't Add Up*, New York: The New Press, 2010.

〔21〕R. Veenhoven, N. C. Wagner and J. Ott, "Does Urban Green Add to Happiness? A Research Synthesis Using an Online Finding Archive", in P. H. Johansen, A. Tietjen, E. B. Iversen, H. L. Lolle and J. K. Fisker (eds.), *Rural Quality of Life*, Manchester University Press, 2023.

二、期刊

〔1〕陈军、侯绍薇：《中国绿色生活方式构建研究：回顾与展

望》,《生态经济》2022 年第 10 期。

［2］陈文洲、高明:《基于"绿色账户"激励的回收居民再生资源合作演化》,《中国人口·资源与环境》2023 年第 12 期。

［3］程娜、王愉涵:《新型生产关系如何驱动经济绿色发展——基于新制度经济学的视角》,《浙江学刊》2024 年第 6 期。

［4］丁志刚、熊凯:《赋能论还是衡量论? ——理解治理效能的第三种理论可能》,《中南大学学报(社会科学版)》2024 年第 3 期。

［5］杜伊、金云峰:《社区生活圈的公共开放空间绩效研究——以上海市中心城区为例》,《现代城市研究》2018 年第 5 期。

［6］杜玉华:《创造高品质生活的理论意涵、现实依据及行动路径》,《马克思主义理论学科研究》2021 年第 6 期。

［7］杜玉华:《推动创造高品质生活》,《红旗文稿》2021 年第 18 期。

［8］方亚琴、夏建中:《社区治理中的社会资本培育》,《中国社会科学》2019 年第 7 期。

［9］高阳、马壮林、刘杰:《"双碳"目标下国家中心城市绿色交通水平评价方法》,《交通运输研究》2022 年第 3 期。

［10］顾海、吴迪:《"十四五"时期基本医疗保障制度高质量发展的基本内涵与战略构想》,《管理世界》2021 年第 9 期。

［11］胡鞍钢、方旭东:《全民健身国家战略:内涵与发展思路》,《体育科学》2016 年第 3 期。

［12］江畅:《好生活的含义与意义》,《道德与文明》2022 年第 1 期。

［13］李斌、卫海英、李爱梅等:《体验性消费与实物性消费的双加工理论模型:现象、机制及影响因素》,《心理科学进展》2018 年第

5 期。

〔14〕李璟圆、梁辰、高璨等：《体医融合的内涵与路径研究——以运动处方门诊为例》，《体育科学》2019 年第 7 期。

〔15〕李冉：《进一步全面深化改革要坚持以人民为中心》，《红旗文稿》2024 年第 16 期。

〔16〕李友梅：《人民本位的中国实践及其内在逻辑》，《社会科学战线》2021 年第 5 期。

〔17〕李友梅：《以人民性引领中国特色社会学话语体系建设》，《中国社会科学》2023 年第 2 期。

〔18〕林梅：《以制度建设推动人民生活品质提高》，《人民论坛》2024 年第 15 期。

〔19〕林南、卢汉龙：《社会指标与生活质量的结构模型探讨——关于上海城市居民生活的一项研究》，《中国社会科学》1989 年第 4 期。

〔20〕刘国永：《实施全民健身战略，推进健康中国建设》，《体育科学》2016 年第 12 期。

〔21〕刘微娜、周成林、孙君：《青少年户外运动动机对运动坚持性的影响：运动氛围的中介作用》，《体育科学》2011 年第 10 期。

〔22〕刘洋、黄栋梁：《深入践行人民城市理念》，《红旗文稿》2025 年第 1 期。

〔23〕刘以鸣、许还幻、周岩：《基于公共艺术视角的数字创新驱动城市公共空间品质提升研究》，《城市发展研究》2023 年第 1 期。

〔24〕卢文云、陈佩杰：《全民健身与全民健康深度融合的内涵、路径与体制机制研究》，《体育科学》2018 年第 5 期。

〔25〕罗易扉：《地方、记忆与艺术：回到地方场所与往昔的历史

经验》，《清华大学学报（哲学社会科学版）》2023 年第 2 期。

［26］孟东方：《高品质生活的居民感知与创造路径——基于重庆市 39 个区县的调查分析》，《西部论坛》2021 年第 3 期。

［27］覃若琰：《网红城市青年打卡实践与数字地方感研究——以抖音为例》，《当代传播》2021 年第 5 期。

［28］上海财经大学课题组、徐国祥、张正等：《上海高品质生活评价指标体系研究》，《统计科学与实践》2019 年第 6 期。

［29］申曙光、曾望峰：《健康中国建设的理念、框架与路径》，《中山大学学报（社会科学版）》2020 年第 1 期。

［30］史秋衡、张妍：《中国终身学习话语体系的嬗变与重构》，《教育研究》2021 年第 9 期。

［31］孙玮、褚传弘：《移动阅读：新媒体时代的城市公共文化实践》，《探索与争鸣》2019 年第 3 期。

［32］唐钧：《关于城市社区服务的理论思考》，《中国社会科学》1992 年第 4 期。

［33］文军：《重回"人"的新时代：构建有生命力的社会学》，《社会科学》2024 年第 10 期。

［34］文军、敖淑凤：《社区治理场景下的志愿服务参与机制研究》，《甘肃社会科学》2024 年第 5 期。

［35］文军、陈雪婧：《构建以"人民性"为价值引领的不确定性风险应对机制》，《社会》2025 年第 1 期。

［36］文军、杜婧怡：《结构洞理论视角下城市片区治理的行动逻辑及其反思——基于上海市 F 街道的实践考察》，《河北学刊》2024 年第 1 期。

［37］文军、高芸：《技术与组织互构：基层治理者的数字负担及

其应对——基于上海市 X 街道数字治理平台的案例研究》,《理论与改革》2024 年第 3 期。

［38］文军、刘清:《智慧养老的不确定性风险及其应对策略》,《江淮论坛》2024 年第 5 期。

［39］文军、刘思齐:《关系运作视角下枢纽型自治组织的行动逻辑及其治理实践——以上海市 X 街道业委会联合会为例》,《江苏行政学院学报》2024 年第 5 期。

［40］王文跃、谢飞龙、郭庆东:《城市运行"一网统管"建设关键问题研究》,《通信世界》2023 年第 22 期。

［41］王小斐、仇保兴、司思源:《"双碳"目标下智慧社区协同"无废城市"治理模式研究——以上海为例》,《城市发展研究》2024 年第 7 期。

［42］王雅林:《生活范畴及其社会建构意义》,《哈尔滨工业大学学报（社会科学版）》2015 年第 3 期。

［43］王雁飞:《社会支持与身心健康关系研究述评》,《心理科学》2004 年第 5 期。

［44］王永钦、董雯:《中国劳动力市场结构变迁——基于任务偏向型技术进步的视角》,《中国社会科学》2023 年第 11 期。

［45］王月涛、田昭源、薛滨夏等:《城市建成环境绿色交通系统优化方法研究综述》,《上海城市规划》2023 年第 6 期。

［46］温书宇、李冰、穆星妍:《助力新时代的积极老龄化:新型老年大学建设标准的探索与研究》,《中国远程教育》2022 年第 9 期。

［47］巫细波、杨再高:《智慧城市理念与未来城市发展》,《城市发展研究》2010 年第 11 期。

［48］吴炳义、董惠玲、武继磊等:《社区卫生服务水平对老年人

健康的影响》,《中国人口科学》2021 年第 4 期。

［49］吴越菲、文军:《回到"好社会":重建"需要为本"的规范社会学传统》,《学术月刊》2022 年第 2 期。

［50］徐莉、肖斌:《新时代终身教育的理性遵循与价值诉求》,《中国电化教育》2022 年第 6 期。

［51］徐伟康、林朝晖:《人工智能与全民健身融合发展的价值逻辑、现实困境与优化路径》,《上海体育学院学报》2022 年第 10 期。

［52］严荣、张黎莉、王逸邀:《基于人民城市理念的上海住房保障供给研究:内涵、实践与优化路径》,《华东师范大学学报(哲学社会科学版)》2024 年第 6 期。

［53］颜玉凡、叶南客:《认同与参与——城市居民的社区公共文化生活逻辑研究》,《社会学研究》2019 年第 2 期。

［54］杨超:《城市治理视角下的公共空间规划模式与方法探索——以北京城市副中心为例》,《城市发展研究》2022 年第 4 期。

［55］杨清溪、邬志辉:《义务教育学校课后服务落地难的堵点及其疏通对策》,《教育发展研究》2021 年第 2 期。

［56］张车伟、赵文、程杰:《中国大健康产业:属性、范围与规模测算》,《中国人口科学》2018 年第 5 期。

［57］张娇、武旋:《都市青年新消费:时尚潮酷场景及其对城市消费的影响作用——以北京、上海、广州、深圳为例》,《中国青年研究》2024 年第 4 期。

［58］张轮、杨文臣、张孟:《智能交通与智慧城市》,《科学》2014 年第 1 期。

［59］张勋、万广华、吴海涛:《缩小数字鸿沟:中国特色数字金融发展》,《中国社会科学》2021 年第 8 期。

［60］赵建军、赵若玺、李晓凤：《公园城市的理念解读与实践创新》，《中国人民大学学报》2019 年第 5 期。

［61］赵文、张车伟：《中国虚拟经济及其增加值测算——基于国民收入来源的视角》，《中国社会科学》2022 年第 8 期。

［62］郑杭生、李强、李路路：《我国社会指标研究的几点探索》，《中国人民大学学报》1987 年第 2 期。

［63］祝永庆、刘民权：《生活质量评估主客观福利的机理分析》，《人文杂志》2021 年第 2 期。

［64］T. Airaksinen, "Good Life without Happiness", *Humanities*, Vol. 11, No. 6, 2022.

［65］R. A. Cummins, "The Domains of Life Satisfaction: An Attempt to Order Chaos", *Social Indicators Research*, Vol. 38, No. 1, 1996.

［66］Diener, E., Suh, E., "Measuring Quality of Life: Economic, Social, and Subjective Indicators", *Social Indicators Research*, Vol. 40, 1997.

［67］M. Fleurbaey, "Beyond GDP: The Quest for a Measure of Social Welfare", *Journal of Economic Literature*, Vol. 47, No. 4, 2009, pp. 1029—1075.

［68］B. Lindstrom, B. Ericsson, "Quality of Life Among Children in the Nordic Countries", *Quality of Life Research*, No. 2, 1993.

［69］V. Pukeliene, V. Starkauskiene, "Quality of Life: Factors Determining its Measurement Complexity", *Inzinerine Ekonomika-Engineering Economics*, Vol. 22, No. 2, 2011.

［70］S. Samavati, R. Veenhoven, "Happiness in Urban Environments: What We Know and Don't Know Yet", *Journal of Housing and the Built Environment*, Vol. 39, 2024.

［71］R. Veenhoven, "Will Healthy Eating Make You Happier? A Research Synthesis Using an Online Findings Archive", *Applied Research Quality Life*, Vol. 16, 2021.

后 记

　　中国式现代化是全面建成社会主义现代化强国、实现中华民族伟大复兴的康庄大道。2024 年 7 月，党的二十届三中全会对进一步全面深化改革、推进中国式现代化作出系统部署，提出"七个聚焦"的分领域改革目标，强调聚焦构建高水平社会主义市场经济体制，聚焦发展全过程人民民主，聚焦建设社会主义文化强国，聚焦提高人民生活品质，聚焦建设美丽中国，聚焦建设更高水平平安中国，聚焦提高党的领导水平和长期执政能力，从总体上囊括了推进中国式现代化的战略重点。

　　上海是改革开放排头兵、创新发展先行者，在推进中国式现代化中肩负着光荣使命。2023 年 12 月，习近平总书记在上海考察时强调，上海要聚焦建设"五个中心"重要使命，加快建成具有世界影响力的社会主义现代化国际大都市，在推进中国式现代化中充分发挥龙头带动和示范引领作用。

　　为深入学习贯彻党的二十届三中全会精神，深入阐释上海践行习近平总书记嘱托、服务国家战略的创新探索，2024 年 7 月，上海市委宣传部、市社科规划办策划和组织"中国式现代化的上海样本"系列课题研究，对标党的二十届三中全会提出的"七个聚焦"战略重点，遴选知名专家组建研究团队，以市社科规划课题形式开展高质量课题研究，对上海在新征程上推进中国式现代化的实践经验进行理论总结和提炼。设立的 7 项研究选题分别为"推进高质量发展、加快建设'五个中心'""发展全过程人民民主""建设习近平文化思想最佳实践地""创造高品质生活""全面推进美丽上海建设""推进中国特色超大城市治理""走出符合超大城市特点规律的基层党建新路"等。

成果质量是学术研究的生命线。市委常委、宣传部部长赵嘉鸣全程关心指导研究课题的推进工作,要求务必精耕细作、形成高质量研究成果。市委宣传部落实课题全周期管理,在课题启动、推进、结项等环节先后召开多次会议,市委宣传部分管副部长权衡出席并作具体指导,市委党校常务副校长曾峻、市政协副秘书长沈立新、市委政策研究室副主任张斌、市人民政府发展研究中心副主任严军等四位专家全程跟进指导,确保课题研究质量,最终形成本套"中国式现代化的上海样本"丛书,并作为"党的创新理论体系化学理化研究文库"首套丛书。

本书系对上海创造高品质生活的总结与归纳,也是对创造中国特色高品质生活的初步探索。参与本书编写的工作人员主要由上海交通大学和华东师范大学的项目团队组成,在编写过程中项目团队也得到了华东师范大学上海市"中国特色的转型社会学研究"社会科学院创新研究基地的大力支持。全书由杜玉华教授和文军教授负责总体构思,并组织编写人员开展理论研讨、实地调研和文本撰写工作。参加本书调研和写作的主要有:杜玉华、文军、吴志鹏、陈雪婧、方淑敏、陈宇涵、刘思齐、杜婧怡、高芸等。

参与本书组织工作的有市社科规划办李安方,市委宣传部理论处陈殷华、薛建华、姚东、柳相宇等。本书的出版得到了上海人民出版社的大力支持,在此表示感谢。

2025 年 5 月

图书在版编目(CIP)数据

城市高品质生活：价值意蕴与全新图景 / 杜玉华等著. -- 上海：上海人民出版社，2025. -- ISBN 978-7-208-19568-4

Ⅰ. D669

中国国家版本馆 CIP 数据核字第 2025DF9645 号

责任编辑　郭敬文
封面设计　汪　昊

城市高品质生活：价值意蕴与全新图景
杜玉华　文　军　等著

出　　版　上海人民出版社
　　　　　（201101　上海市闵行区号景路159弄C座）
发　　行　上海人民出版社发行中心
印　　刷　上海中华印刷有限公司
开　　本　787×1092　1/16
印　　张　13.25
插　　页　2
字　　数　153,000
版　　次　2025年6月第1版
印　　次　2025年6月第1次印刷
ISBN 978 - 7 - 208 - 19568 - 4/D · 4518
定　　价　62.00元